Blas Cas

Ion Thomas

Gomer

I
ddisgyblion Ysgol Gyfun Gwynlliw –
ddoe, heddiw ac yfory

Argraffwyd yn 2007 gan Wasg Gomer,
Llandysul, Ceredigion SA44 4JL
www.gomer.co.uk

ISBN 978 1 84323 780 8

Ⓑ Ion Thomas, 2007 ©

Mae Ion Thomas wedi datgan ei hawl dan
Ddeddf Hawlfraint, Dyluniadau a Phatentau 1988
i gael ei gydnabod fel awdur y llyfr hwn.

Cedwir pob hawl. Ni chaniateir atgynhyrchu unrhyw ran o'r cyhoeddiad hwn na'i gadw mewn cyfundrefn adferadwy na'i drosglwyddo mewn unrhyw ddull na thrwy unrhyw gyfrwng, electronig, electrostatig, tâp magnetig, mecanyddol, ffotogopïo, recordio nac fel arall, heb ganiatâd ymlaen llaw gan y cyhoeddwyr.

Dymuna'r cyhoeddwyr gydnabod cymorth
Adrannau Cyngor Llyfrau Cymru.

Argraffwyd a rhwymwyd yng Nghymru gan
Wasg Gomer, Llandysul, Ceredigion SA44 4JL

Prolog

Brysiodd Caren allan drwy ddrws adeilad y tŵr o fflatiau modern ar lan afon Wysg, yng nghanol dinas Casnewydd. Roedd y maes parcio'n llawer rhy fach i'r casgliad o fflatiau. Cerddodd yn ddig allan o'r maes parcio a thorri ar draws y tir diffaith caregog, gan anelu at lôn a lenwyd gan geir. Roedd adeiladu parhaus yn digwydd yng Nghasnewydd, meddyliodd. Ond dyna fe, byddai arian ganddyn nhw nawr i ddianc ar eu gwyliau, yn dilyn yr arbrawf diweddara y bu Luke, ei phartner, yn rhan ohono am ei fod yn un o'r treialwyr. Arian da, meddyliodd, a hynny am eistedd i lawr a gwneud dim. Roedd Caren yn benderfynol o symud ei char a chyrraedd adref fel na fyddai'n colli gormod o ddechrau'r ffilm yr oeddent am ei gwylio i ddathlu diwedd y cyfnod profi pedwar diwrnod yn Ysbyty Brenhinol Gwent.

Yn eistedd o flaen ei deledu digidol newydd, 32 modfedd, roedd Luke Ashton. Teimlai'n gynhyrfus wrth suddo i mewn i'w soffa wen feddal. Ni allai ddeall pam na fedrai ymlacio, ac yntau'n barod i wylio'r DVD diweddara roedd ei gariad wedi'i rentu o'r siop. Teimlai rhyw awydd i fynd i gerdded neu i'r gampfa. Er ei fod newydd yfed dau wydraid o ddŵr, roedd ei lwnc yn sych unwaith eto. Ceisiodd rolio'i dafod yn ei geg, ond byddai'n rhaid iddo nôl gwydraid arall o ddŵr o'r gegin. Byddai'n rhaid iddo gofnodi hyn ar y cerdyn a gafodd gan y meddyg. Dyma, mae'n siŵr, un o'r sgil effeithiau y soniodd Dr Morgan amdanynt.

'Man a man i mi edrych ar y treilyrs cyn i Caren ddod 'nôl,' sibrydodd i'w hun, yn rhy ddioglyd i godi.

Wrth i sylw a dychymyg Luke gael eu denu gan ffrwydradau ar y sgrin, clywodd sŵn y drws yn agor.

'Dere glou,' meddai Luke, heb dynnu'i lygaid oddi ar y danchwa. 'Ew, da. 'Smo ti 'di colli dim eto.'

Dyna pryd y teimlodd Luke law gadarn yn cau am ei geg ac oglau cryf yn ei fygu, ei lygaid yn llosgi, ei drwyn yn cosi a'i feddwl yn mynd ar chwâl. Cafodd gymaint o sioc, prin y medrai symud gewyn i'w amddiffyn ei hun. Dim ond cipolwg a gafodd ar y pen moel uwch ei ben yn sgyrnygu, a'r llygaid tywyll yn sgleinio fel llafnau siswrn. A thros ysgwydd y gŵr pen moel, gwelodd ddau lanc ifanc, penfelyn, cryf yn syllu'n ddifrifol arno. Aeth popeth yn ddu . . .

1

Dillad. Cawod. Dial.

Roedd y peth yn ddigon syml. Casglodd Dafydd ddillad ysgol tîm San Cadog a'u pentyrru o dan gawodydd yr ystafell newid. Byddai pedair taith yn ddigon i symud y cyfan. Yna, ac yntau'n noeth ac yn chwysu, cerddodd yn ôl ac ymlaen heibio i dair wal y gawod, gan ddeffro pob tap â'i ddwrn. Wrth i'r dŵr lifo, dechreuodd Dafydd deimlo'n well. Gwyliodd y tapiau'n poeri eu dŵr poeth ar y dillad ysgol. Teimlodd Dafydd ei gynddaredd yn lleddfu. Roedd yn sychedig – y syched hwnnw a ddeuai mor aml ers yr arbrawf. Gadawodd i'r dŵr lenwi'i geg cyn iddo'i boeri allan.

Pan gamodd Dafydd mas o'r ystafell newid, clywodd sŵn chwiban y dyfarnwr yn cyhoeddi diwedd y gêm. Syllodd ar y chwaraewyr yn dechrau ffurfio rhengoedd i ysgwyd llaw – yr ysgwyd llaw ffug a ddynodai ddiwedd y frwydr. Syllodd ar y dyfarnwr oedd yn wên o glust i glust wrth sgwrsio gyda'r ddau lumanwr. Clown, meddyliodd. Tybed ai siarad amdano ef oedden nhw? Syllodd a chofiodd. Clywodd y geiriau unwaith eto'n dirgrynu yn ei benglog a gwibiodd yr olygfa drwy'i feddwl fel hen luniau ar y newyddion.

'Bant â ti!' cyhoeddodd y dyfarnwr, gan syllu'n herfeiddiol i'w lygaid. Chredai Dafydd mo'i glustiau.

Roedd hi wedi bod yn frwydr o'r cychwyn. Y ddau bac yn ffyrnig yn y sgarmes, yn gwybod y byddai ennill y meddiant yn ennill y gêm. Doedd yr un o'r ddau bac am ildio. A chyda'r traed yn dechrau cael eu defnyddio'n esgeulus, roedd dau chwaraewr eisoes wedi cael anaf. Gwyddai Dafydd fod Michael, y blaenasgellwr, yn hollbwysig i ennill y gêm. Ac roedd San Cadog wedi'i dargedu. O'r cychwyn cyntaf roedd dau ohonyn nhw'n barod i'w daclo bob tro y deuai'r bêl yn agos ato. Ac yna cafodd Michael ei daclo oddi ar y bêl, a'i godi yn yr awyr nes iddo lanio'n galed ar ei ysgwydd. Gwelodd Dafydd y cyfan fel canolwr. Ond doedd y dyfarnwr ddim wedi gweld dim. A dyna paham y twymodd pethau.

Yna cafodd Dafydd ei daclo'n uchel wrth geisio bylchu. Roedd yn dal yn gallu teimlo'i gefn yn crymanu ar yn ôl, wrth i'w wrthwynebydd gofleidio'i ben. Gallai'r un taclad yna fod wedi golygu diwedd y gêm iddo – am byth!

Dyfarnwyd cic gosb iddo a rhybuddiwyd pawb y byddai'r troseddwr nesaf yn cael cosb drom. Funudau'n ddiweddarach, gwelwyd cawr o fachgen â streipen olau yn ei wallt yn hyrddio i mewn i'r sgarmes o'r ochr, ac yn sathru a damsang yn ddidrugaredd ar Michael a oedd newydd ddisgyn ar lawr. Rhedodd Rhys, y mewnwr, a Dafydd at y dihiryn a'i dynnu gerfydd ei goler o'r twmpath cyrff. Ymatebodd tri o fechgyn o dîm San Cadog gan daflu dyrnau, gwthio a gafael.

Yr oedd Rhys eisoes wedi'i wthio ar lawr, a nawr roedd dau yn dal Dafydd er mwyn i'r cawr tenau o'r ail reng ei ddyrnu. Gyda'i holl nerth, gwthiodd Dafydd y ddau yn erbyn y dihiryn a chwympodd y pedwar ohonyn nhw'n bentwr ar ben Rhys. Gan fod y chwarae erbyn hyn ar bwys yr ystlys, roedd y llumanwr, sef athro o San Cadog, yng nghanol yr ymrafael hefyd. Wedi i'r dyfarnwr chwythu'i chwiban sawl gwaith a chael trefn ar bethau, ynghyd â sgwrs â'i lumanwr, penderfynwyd danfon Dafydd oddi ar y cae.

Doedd Dafydd erioed wedi cael y teimlad yma o'r blaen. Y gwaed yn carlamu drwy'i wythiennau. Ei gyhyrau'n barod. Roedd sŵn chwerthin a dathlu anghwrtais y gwrthwynebwyr yn dân ar ei groen, yn disgyn fel dafnau o saim poeth.

'Nhw sy'n chwarae'n frwnt – yn camsefyll,' bloeddiodd Dafydd. Ond boddwyd ei gwynion gan sŵn anifeilaidd tîm San Cadog yn dynwared asynnod.

Edrychai'r dyfarnwr yn flin. Crynai ei wefusau a chwifiai ei fraich ar Dafydd, gan amneidio'n glir ei fod i adael y cae. Daeth Rob Huws, yr athro chwaraeon, o gyfeiriad yr ystlys arall.

'O'r gorau, fechgyn. Dyna ddigon. Mae hwyl y gêm wedi cael ei cholli,' meddai'r athro chwaraeon i geisio tawelu'r sefyllfa.

'Does dim pwynt chwarae yn erbyn anifeiliaid a dyfarnwr dall!' cyfarthodd Michael. Cytunodd y pac o fechgyn o'i gwmpas. Gwyddai Rob Huws fod yn rhaid iddo gael gair gyda'r tîm er mwyn i'r gêm ddod i ben yn weddol wâr. Casglodd bawb ynghyd.

'Gwrandewch. Dwi ddim yn cytuno gyda'r dyfarniadau sydd wedi cael eu rhoi yma heddiw. Ond rhaid parchu'r penderfyniadau. Yn anffodus, bydd yn rhaid i Dafydd adael y cae, er nad ydw i'n cytuno â'r sefyllfa. Dwi eisiau i chi i gyd ddangos cadernid eich cymeriad. Dangoswch eich bod chi'n aeddfed ac yn gallu chwarae'r gêm. Nhw sydd wedi colli yma heddiw achos ry'ch chi'n colli pan dy'ch chi ddim yn parchu'r rheolau.'

Cerddodd Dafydd at yr ystlys a gweld hyfforddwr tîm San Cadog yn ysgwyd ei ben. Gŵr canol oed a chanddo wallt brith a mwstás.

'Gwranda, mêt,' meddai. 'Ddylet ti ddim dadlau gyda'r dyfarnwr. Dylet ti ddangos parch a chadw at y rheolau.'

Ac yna sŵn y mân chwerthin o'i gwmpas unwaith eto.

'Does dim sgìl mewn cicio pennau pobl i mewn!' atebodd Dafydd yn dawel.

'Beth wedest ti?' chwyrnodd y pen brith arno. 'Gwylia di dy hunan, foi bach, neu byddi di'n difaru.'

'*Thugs*! Dyna beth ydych chi. *Thugs*!'

Dechreuodd yr hyfforddwr gerdded tuag ato, ond fe'i daliwyd yn ôl gan y moelyn tew a safai wrth ei ysgwydd.

'Gad e fod, Jeff. Mae e bant o'r cae.'

'Fe wna i riportio ti i'r prifathro.' Gwaeddodd yr hyfforddwr.

'Pam? Am ddweud y gwir? Teimlo cywilydd, odych chi?' gofynnodd Dafydd.

Ysgydwodd Jeff ei hun o afael y moelyn tew gan syllu'n herfeiddiol ar Dafydd. Ond yna daeth bloedd o'r dorf a thynnwyd sylw pawb at y cae. Roedd asgellwr San Cadog wedi llwyddo i ochrgamu heibio i Ieuan a Wil gan blymio dros y llinell gais yn y gornel. Doedd Dafydd ddim yno pan drodd Jeff i wenu arno.

Taflodd ei grys gwyrdd i'r gornel. Syllodd ar yr holl ddillad – yn grysau a theis a throwseri yn hongian oddi ar y bachau. A dyna pryd y gwawriodd y syniad arno. Dillad. Cawod. Dial.

2

Nanheston

Wyddai Siân ddim fod yna lygaid yn ei gwylio. Cerddai'n fodlon i gyfeiriad ei fflat mewn rhes o dai teras yng Nghasnewydd. Roedd y bore wedi gwibio heibio. Roedd ei hofnau wedi'u tawelu. Ymweliad â'r ysbyty gyda Dr Morgan, a ymddangosai'n ŵr bonheddig, yn pwysleisio nad oedd dim byd i boeni amdano ynghylch y treialon yr oedd hi wedi gwirfoddoli i'w profi.

Yr oedd yn falch o weld bod pump arall wedi gwirfoddoli i gymryd rhan yn y treialon. Un ferch a thri gŵr ifanc. Cofiai ei syndod o weld pa mor ifanc oedd un ohonynt. Chwarddodd o feddwl mai bachgen ysgol ydoedd â'i fryd ar gael digon o arian i fynd ar drip rygbi neu rywbeth tebyg, mae'n siŵr. Ac yn awr yr oedd hi fil o bunnau'n gyfoethocach. Cyfle gwych i dalu rhywfaint o'i dyledion. Roedd dilyn cwrs nyrsio wedi gwacáu ei chyfri banc, ac yn awr roedd hi'n benderfynol o gamu allan o'r coch.

'Pnawn da.'

Trodd Siân fel top wrth glywed y cyfarchiad annisgwyl. O'i blaen, safai dyn trwsiadus, cymharol dal. Roedd ganddo groen garw, fel petai wedi dioddef yn ddrwg o blorod pan yn iau.

'Siân Evans?' holodd, gan estyn ei law a phlygu ei ben ymlaen rhywfaint. 'Iwan Huws. Gohebydd ar drywydd stori dda. Mae'n flin iawn 'da fi am eich dychryn, ond credaf i mi'ch gweld yn yr ysbyty gynnau. Mae gen i bedwar enw arall yma. Fyddai modd i mi gynnal cyfweliad â chi rywbryd am y treialon gyda'r cyffur Nanheston?'

'Nanheston?' ailadroddodd Siân y gair yn betrusgar. Doedd hi ddim wedi cael gwybod beth oedd enw'r cyffur. Wyddai hi ddim beth yn union oedd ei bwrpas, chwaith.

'Ie. Wyddoch chi ddim ei enw? Ond fe gawsoch chi'r cyffur?'

'Do.' Difarodd Siân yn syth ei bod hi wedi cadarnhau. Onid oedd Dr Morgan wedi gofyn i bawb gadw'n dawel am y treialon, a'u bod i gyd wedi gorfod arwyddo rhyw ddogfen bymtheg tudalen yn dweud eu bod yn ymwybodol o'r peryglon ac yn ymlynu wrth gyfrinachedd yr arbrofion?

'Dim byd difrifol. 'Sdim byd i'w boeni yn ei gylch, Miss Evans. Gwneud gwaith ymchwil ydw i i'r treialu cyffuriau sy'n digwydd ar draws y wlad.'

Wedi i Siân gael cip ar gerdyn adnabod Iwan Huws, cytunodd i gwrdd â'r gohebydd drannoeth yng Nghaffi Nero yng nghanol y ddinas am un ar ddeg o'r gloch.

3

Chwech!

Gwyddai Dafydd fod rhywbeth o'i le pan gyrhaeddodd ei gartref. Pan sylwodd fod drws y ffrynt yn gilagored, cododd llawer o amheuon yn ei feddwl. Dylai ei dad fod yn ei labordy yn yr ysbyty. Dylai ei fam fod yn ei swyddfa. Er ei bod hi'n bartner yn y cwmni cyfreithiol, ac yn medru rheoli tipyn ar ei hamser, anaml iawn y cymerai ddiwrnod i ffwrdd.

Doedd yna'r un car yn y lôn – dim beic, na fan, na lorri. Doedd pwy bynnag oedd yn y tŷ ddim wedi cael eu gwahodd nac yn awyddus i gyhoeddi eu presenoldeb.

Gwthiodd Dafydd y drws ymhellach ar agor ac fe glywodd sŵn. Deuai'r clindarddach o'r stydi. Dreiriau'n agor. Cadair yn taro desg. Chwiliodd Dafydd o'i gwmpas yn frysiog a gweld bat criced yn pwyso yn erbyn wal y cyntedd bach y tu ôl iddo. Roedd e wedi addo i'w fam y byddai'n rhoi'r bat i gadw ers tro, ond fel pob bachgen ifanc, roedd e wedi bod yn rhy ddiog neu'n rhy brysur i wneud hynny. Gafaelodd yn ei arf.

Teimlai'i galon yn curo a'r gwaed yn pwmpio yn ei wddf. Anadlai'n gyflym. Roedd cledrau'i ddwylo'n llaith. Yn wlyb. Camodd yn llechwraidd a gofalus ar hyd y cyntedd cul a âi heibio ac o dan y grisiau at ddrws y stydi.

Oedd, roedd y sŵn yn dod o'r tu ôl i'r drws. Gwthiodd Dafydd y drws ar agor yn araf gyda blaen ei droed. Gwelodd ddau ffigwr mewn crysau chwys â chwfl yn chwilio'n brysur – yn creu annibendod. Yr oedd e wedi eu dal. Eu dal yn chwilota. Dihirod! Cyn pen dim fe fydden nhw'n ei weld e.

'Blydi hwdis!'

Rhewodd y ddau ffigwr fel petaen nhw wedi cael eu trydaneiddio. Roedd un yn sicr yn dalach nag ef. Llond ceg o ddannedd ac aeliau trwchus, tywyll, ar wyneb gwelw, llawn. Un main, gwydn oedd hwn, heb amheuaeth. Ond gwibiai'i lygaid i bob man. Roedd e fel cwningen wedi'i chornelu. Roedd e wedi dychryn.

Un tywyll ei groen oedd y llall. Llawer llai o ran taldra ond yn sgwâr. Synhwyrai Dafydd fod yr hwdi yma'n gyhyrau i gyd. Roedd yna blorod bach ar ei wyneb.

Torrodd gwên ar draws yr wyneb tywyll. Ond roedd y llygaid yn oer.

'Petawn i'n ti, bydden i'n dodi'r bat 'na i lawr,' meddai mewn llais dwfn.

'Fydden i ddim yn torri i mewn i dŷ rhywun arall.'

Diflannodd y wên. Roedd hi'n amlwg nad oedd hwn yn poeni gormod am y ffaith ei fod wedi cael ei ddal â'i fys yn y brywes.

'Paid â ceisio bod yn clyfar. Ti fod yn yr ysgol, mêt. Ydy mam ti'n gwbod bod ti'n mitsio? Bydd hi ddim yn blês!'

'Ydy dy fam di'n gwybod dy fod ti'n lleidr?'

'Cau hi!' meddai'r lleidr ifanc. Trodd ei wyneb yn

galed. Pwyntiodd ei fys at Dafydd. 'Gwrando. Ni'n mynd i adel nawr. Cer mas o'r ffordd, a chei di ddim dy brifo.'

Yr eiliad honno, synhwyrodd Dafydd fod yna rywun y tu ôl iddo. Pam nad oedd e wedi meddwl y gallai fod yna drydydd dihiryn? Wedi'r cyfan, doedd dim dau heb dri, meddyliodd.

Taflodd Dafydd ei gorff i'r chwith yn erbyn ffrâm y drws. Ar yr union eiliad honno, teimlodd boen yn ffrwydro ar ochr ei ben. Cafodd gip ar wiced griced bren yn hedfan heibio'i ysgwydd. Roedd e wedi cael ei daro o'r tu ôl yn galed, ond roedd e wedi llwyddo i osgoi cryfder eithaf yr ergyd. Teimlai'i galon yn rasio a'i gyhyrau'n cynhesu. Y peth nesaf a wyddai, roedd e ar ei hyd ar lawr a'r bat yn dal yn ei afael. Gwelodd y cyntaf o'r dihirod yn ei heglu hi drwy'r drws. Neidiodd Dafydd i'w draed wrth i'r hwdi arall sgrialu rownd y ddesg a'i heglu hi am y drws. Gwnaeth y bat sŵn clatsio fel petai'n bwrw chwech. Glaniodd y pren helyg ar wyneb y llanc ifanc. Crac! Roedd y sŵn yn drawiadol fel sŵn chwalu melon. Yna llenwyd yr ystafell â sŵn sgrechian dolurus. Cwpanodd y llanc tal ei wyneb wrth iddo ddisgyn yn ddiseremoni ar ei bennau gliniau i'r llawr. Llifodd y gwaed coch rhwng ei fysedd. Trodd y gweiddi yn wichian a chrio.

'*Howzat*?!' sibrydodd Dafydd, wedi'i synnu braidd gan nerth ei ergyd ei hun.

Clywodd sŵn chwyrnellu injans beiciau modur o'r tu fas. Cerddodd Dafydd yn gyflym at y drws ffrynt gan wybod na fyddai yna neb na dim i'w weld y tu fas, dim ond olion teiars yn y graean mân. Cododd ei law at y cynhesrwydd a deimlai uwch ei glust dde. Roedd yna chwydd, ac roedd ei wallt yn wlyb a seimllyd. Edrychodd ar ei law. Roedd hi'n goch. Gollyngodd y bat a chamu 'nôl i'r tŷ, i sŵn y griddfan. Anelodd at y ffôn. Rhaid ffonio'r heddlu, meddyliodd.

4

Rhywbeth o'i le

Edrychodd Iwan Huws ar ei oriawr Casio ddigidol unwaith eto. Chwarter wedi un ar ddeg. Roedd Siân yn hwyr. Edrychodd allan yn ddisgwylgar drwy ffenest Caffi Nero unwaith eto, ond er yr holl bobl a âi heibio, nid oedd sôn am y nyrs ifanc. Edrychodd ar waelod ei gwpan cappuccino gan syllu'n fyfyrgar ar y diferion hufennog. Ar y bwrdd o'i flaen, gorweddai ei ffôn symudol Sony Ericsson. Doedd dim neges arno. Gwasgodd fotymau ac ymddangosodd llun Siân ar y sgrin. Llun digon da i fynd gyda'r cyfweliad yr oedd wedi gobeithio amdano. Yr oedd wedi meddwl y byddai hi yno. Roedd y farn a ffurfiai am bobl fel arfer yn gywir. Ymfalchïai yn yr hyn a dybiai oedd yn drwyn gohebydd da. Oedd, meddyliodd. Roedd rhywbeth o'i le.

Tynnodd Iwan ei lyfr nodiadau du, *moleskin* o'i boced a thynnu'r elastig du i ryddhau'r tudalennau. Craffodd ar yr enwau – enwau a gafodd gan un o ysgrifenyddesau Adran Arbrofi Ysbyty Brenhinol Gwent. Roedd dau o'r bobl oedd â'u henwau ar y rhestr wedi "diflannu" – Luke Ashton, a nawr Siân. Byddai'n rhaid iddo ymweld â'i chartref rhag ofn ei bod yn sâl neu wedi cael damwain. Yna llithrodd ei lygaid i lawr at yr enw olaf ar y rhestr fer – Dafydd Morgan. Roedd Iwan eisoes wedi syllu ar y cyfeiriad droeon. Unwaith eto, cododd aeliau'r gohebydd wrth iddo syllu ar gyfeiriad Dr Morgan. Yr un cyfeiriad. Roedd rhywbeth yn rhyfedd yn hyn.

Penderfynodd Iwan Huws ddarllen y papur lleol am ychydig rhag ofn bod Siân yn rhedeg yn hwyr. Os na ddeuai i'r golwg, yna byddai'n galw yng nghartref Siân, cyn mynd draw i geisio cael cyfweliad gyda Dr Morgan a Dafydd. Y tad a'r mab.

5
Seiat

'Dydw i ddim wedi bod yn onest 'da ti.' Edrychodd Dafydd yn ymholgar ar ei dad. 'Mae pethau wedi mynd o chwith – yn anfwriadol. Ddylen i fod yn gwybod yn well.'

'Hei! Gan bwyll, Dad,' torrodd Dafydd ar draws y gŵr a safai o'i flaen yn ei jîns a'i grys polo porffor. 'Dwi ddim yn deall. Dwi ddim yn medru dilyn dy eiriau.' Yfodd Dafydd yn ddwfn o'r gwydryn gan adael i'r dŵr dorri'r syched a frathai'i wddf.

'Mae bai arna i,' cyhoeddodd Rhisiart Morgan, gan ddal ei ddwylo i fyny o'i flaen fel petai'n dal torth o fara cynnes. 'Dwi ar fai.' Edrychodd ar ei fab pymtheg oed gan gnoi'i wefus.

'Na, Dad. Fi sy ar fai. Fe ymosodais i ar ddyn ifanc. Gallen i fod wedi'i ladd e. A'r hyn sy'n waeth, doeddwn i ddim yn becso. Dwi fel petawn yn newid.'

Edrychodd Dr Rhisiart Morgan yn feddylgar ar ei fab a eisteddai yn y gadair ledr yng nghornel y stydi.

'Beth sy'n bod?' holodd Dafydd, wrth weld ei dad yn ymgolli yn ei fyfyrdodau.

'Dim,' oedd yr ateb araf. 'Dim ond rhyw syniad a ddaeth i'r meddwl. Ond na . . . mae'n amhosib.'

'Wel, bydda i'n iawn am gyfreithiwr i f'amddiffyn os bydd y lleidr yn dwyn achos yn f'erbyn. Bydd

Mam yn siŵr o gynnig ei gwasanaeth am ddim,' meddai Dafydd yn floesg.

'Paid â siarad yn wamal. Fyddan nhw ddim yn dwyn cyhuddiad yn dy erbyn. Chaiff yr heddlu ddim byd mas o'r lleidr ifanc yna,' oedd ateb cadarn ei dad. 'Nid lladron cyffredin yn chwilio am arian a phethau i'w gwerthu oedden nhw.'

'Roedden nhw'n edrych yn gyffredin iawn i mi. Hwdlyms Casnewydd. Yn torri i mewn i dŷ mawr. Mentro . . .'

'Chwilio oedden nhw. Chwilio am wybodaeth. Gwneud gwaith dros rywun arall. Dwi'n ofni mai'r dechrau yw hyn. Bydd pethe'n mynd yn waeth.'

Neidiodd y ddau wrth i gloch y drws ffrynt ganu. Syllodd Dr Morgan drwy'r ffenest fawr er mwyn ceisio cael cip ar yr ymwelydd. Gwelodd gefn merch ifanc, bryd golau. Roedd hi'n siarad â rhywun arall a safai yn y cyntedd bach.

'Merch ifanc,' cyhoeddodd Dr Morgan.

Cyn pen dim, llenwyd y cyntedd â llais Ffion. Roedd hi'n bencampwraig ar dynnu coes, a gwyddai'n union sut i godi cywilydd a chorddi hyd yn oed y tawelaf eu hysbryd.

'Cwyn swyddogol gan famau disgyblion San Cadog. Dylid defnyddio powdwr golchi gyda dŵr wrth olchi dillad. Maen nhw hefyd yn flin bod ti ddim wedi defnyddio dŵr berwedig. Ac maen nhw'n gofyn yn garedig i ti ddidoli'r dillad gwynion oddi wrth y pethe lliw y tro nesaf.' Yna, trawodd llygaid Ffion ar y clwyf ar ochr pen Dafydd. 'W! Beth ddigwyddodd? Dyw tîm San Cadog ddim wedi galw heibio'n barod?'

Er gwaetha siarad gwamal Ffion, fedrai Dafydd ddim tynnu'i lygaid oddi ar Angharad. Gallai hon, ym marn ifanc Dafydd, gamu i mewn i dudalennau *GQ* unrhyw bryd. Roedd yr enw 'Angharad' yn odli gyda 'cariad', meddyliodd. Cyfuniad perffaith o eiriau. Oedd, roedd hi'n farddoniaeth mewn cnawd. Am eiliad, dychmygai ei hun yn gorwedd ar draeth a'i gweld hi'n cerdded drwy donnau'r môr tuag ato – ei chroen yn sgleinio'n wlyb. Plygai drosto gan dynnu'r gwallt hir tywyll o'i llygaid a gwyro'n agosach agosach. Ei gwefusau cochion, llawn ar fin cyffwrdd . . . Y mae ef ar fin gafael ynddi pan glyw lais Ffion yn torri ar draws ei freuddwydion.

'Do'n i ddim yn credu beth wnest ti! Ti 'di blino ar fyw neu beth?'

Ymhen ychydig, roedd drama'r dillad gwlyb yn cael ei darlunio'n fedrus gan Ffion. Er i Rhisiart Morgan gau'i lygaid mewn anghrediniaeth, dechreuodd chwerthin wrth iddo ddychmygu'r tîm buddugol yn gorfod camu ar y bws â'r dillad yn eu breichiau'n diferu dros bob man.

Wrth i Dr Morgan ddiflannu i'r gegin i wneud cappuccino i'r tri, siglodd Ffion ei phen a chodi'i llais rhwng sŵn chwerthin a sgrech.

'Roedd Sam Tân yn gandryll. A'u hathrawon nhw'n mynd yn sgits. Ti'n mynd i gael gwyliau am hyn, mae hynny'n sicr.' Oedodd Ffion am eiliad, cyn taflu cipolwg bach ar Angharad. 'Beth bynnag, ti'n barod am heno?'

Am eiliad, roedd Dafydd yn y niwl. Yna cofiodd ei fod wedi hanner cytuno i gefnogi'r brif-ymladdwraig-dros-yr-Iaith yng Nghasnewydd, yn ei hantur nesaf. Teimlodd ychydig yn siomedig ac roedd arno gywilydd. Wedi'r cyfan, cytuno er mwyn cael cyfle i fod yn agos at Angharad yr oedd e wedi'i wneud yn y lle cyntaf. Doedd e ddim wedi meddwl y byddai'n rhaid iddo fentro mas i wneud rhywbeth, mewn gwirionedd. Cofiodd am y gair mawr a ddefnyddiai Ffion wrth bregethu – gweithred!

'Oes yna weithred i fod heno?' holodd mor ddigyffro ag y medrai.

Deallodd yn gyflym fod y bag oedd gan Ffion ar ei chefn yn llawn posteri, a bod ganddyn nhw lud a brwsh hefyd. Un peth oedd mentro ar gae rygbi, peth arall oedd mentro mewn gwaed oer i herio cyfraith a threfn. Ond pan syllodd Dafydd ar wên Angharad, gwyddai na fyddai'n medru gwrthod.

Wrth i Dr Morgan ddychwelyd â hambwrdd a thri chwpaned o gapuccino, a phlatiaid o fisgedi masnach deg, clywyd sŵn cloch y drws yn canu.

'Nefoedd, ni'n boblogaidd. Lladron, heddlu, chithau, a nawr . . .' meddai'r gwyddonydd wrth gamu o'r ystafell i ateb y drws.

Ar y trothwy safai dau ddyn trwsiadus mewn siwtiau tywyll. Cariai un ohonynt frîffcês. Gwisgai'r blaenaf ohonynt sbectol hirsgwar. Roedd ganddo farf oedd bellach yn britho, gydag arlliw o gochni ynddi.

Roedd yn ddyn sgwâr, cadarn ei gorff, a'i wallt wedi'i dorri'n gwta. Gŵr tal, tenau, main ei wyneb â llygaid glas, cul oedd y llall. Roedd golwg ddifrifol ar y ddau.

'Dr Morgan? Dr Rhisiart Morgan? Gadewch i ni gyflwyno'n hunain,' meddai'r talaf o'r ddau. 'Dr Eric Trolop ydw i a Dr Heinz Merhoff yw fy nghydweithiwr.'

Syllodd llygaid Trolop yn oeraidd ar Dr Morgan. Gyda chysgod gwên ar ei wyneb, meddai'n awdurdodol, 'Er eich lles eich hunan, a phawb arall, rhaid i ni gael gair. Gawn ni ddod i mewn?'

6

Cael gwybod beth yw beth

Ar y dechrau, tybiai Dr Morgan mai heddlu cudd oedden nhw. Ond buan y deallodd mai eisiau gair ag ef am ei waith diweddara yr oedden nhw. Ymddiheurai'r ddau am darfu arno ym mhreifatrwydd ei gartref, ond gan fod ganddynt amserlen brysur a'u bod ar eu ffordd yn ôl i Lundain, gobeithient y byddai ef yn fodlon siarad â hwy am bum munud.

Dau wyddonydd oedden nhw, y ddau erbyn hyn yn gweithio i'r diwydiant meddygaeth ond â chyfrifoldeb am ddosbarthu grantiau ymchwil. Dywedent eu bod yn awyddus i weld ei waith yn cael ei ariannu'n well. Gwyddent mai symiau bychain o arian oedd yn cael eu rhoi i brosiectau ymchwil y brifysgol, a'u bod hwy, ar ran cwmni Galacto, yn awyddus i gefnogi prosiectau pwysig a chyffrous ar yr amod y byddai'r gwaith yn cael ei ddatblygu drwy eu cwmni nhw.

Er bod Dr Morgan ychydig yn anfodlon ac anghysurus â'r sefyllfa, tybiodd na fyddai yna ddim drwg mewn gwahodd dau ddyn digon parchus yr olwg i'w dŷ. Fe'u harwciniodd i'w stydi. Rhyfeddodd Rhisiart at wybodaeth y ddau. Gwyddent yn union am ei brosiect. Gwyddent hefyd am ei arbrawf diweddara. Yn raddol, dechreuodd y doctor glywed clychau rhybudd yn canu yn ei glustiau. Penderfynodd beidio ag ateb mwy o gwestiynau. Ond yna cafodd ei syfrdanu gan eiriau Eric Trolop, y mwyaf siaradus o'r ddau. Roedd ei lais yn fain a garw, gydag acen Iseldirwr.

'Rydym wedi bod yn cadw golwg ar eich *guinea pigs* chi. A rhaid dweud, maen nhw'n dangos arwyddion diddorol.'

'Beth?' ebychodd Dr Morgan. Sut oedden nhw'n gwybod pwy gafodd y tabledi? Roedd y cyfan i fod yn gyfrinachol! Doedd yna'r un papur wedi cyhoeddi'r enwau, na'r un erthygl wedi ymddangos mewn cylchgrawn meddygol.

'Gwrandewch, Dr Morgan. Rydych yn datblygu cyffur defnyddiol, a allai fod yn hynod o werthfawr a phoblogaidd. Ac os ydyw'n effeithiol, dylid mynd ati i'w gynhyrchu'n ddiymdroi. Mae gan ein cwmni'r adnoddau i wneud hynny.'

Dyma pryd y penderfynodd Dr Morgan ddod â'r cyfarfod i ben. Cododd ar ei draed, gan gyhoeddi, 'Ddynion, diolch i chi am alw. Ond y mae'n rhaid i mi ofyn i chi adael nawr.'

Edrychodd y ddau ar ei gilydd cyn codi. Yna meddai Trolop, 'Rydym eisiau i chi ystyried ein cais o ddifri. Rydym yn bobl sydd o ddifri. Byddem yn eich talu, yn eich cydnabod gyda swm hael iawn . . . hynod o hael, fyddai'n caniatáu i chi weithio ar lawer o brosiectau eraill.'

Ond roedd Dr Morgan wedi blino ar y dynion haerllug yma.

'Ddynion, dyna ddigon. Dwi eisiau i chi adael. Ar unwaith!'

Arweiniodd y ddau allan i'r cyntedd ac at y drws. Yna trodd y gŵr main at y doctor a syllu i'w lygaid.

'Eich cyfrifoldeb chi yw rhannu gwybodaeth – er lles pawb.'

'Dyna'n union yr hyn dwi'n ei wneud – rhannu gwybodaeth gyda phawb. Rydych chi eisiau perchenogi'r cynnyrch yma. Pam? I beth? Ac ar gyfer pwy? Fedrwch chi ateb hynny i mi? Yn sicr nid er lles y dyn cyffredin.' Roedd Rhisiart Morgan yn dechrau cynhyrfu.

'Gwrandewch, Dr Morgan,' meddai Merhoff, 'Mae pobl eraill yn gwybod am eich treialu. Pobl ddiegwyddor sy'n barod i gymryd mantais. Dydyn ni ddim eisiau i bethau fynd yn flêr.'

'Beth ydych chi'n meddwl "mynd yn flêr"?' gofynnodd Dr Morgan yn syn. 'Ydych chi'n fy mygwth i?'

'Byddai'n haws o lawer cydweithio gyda chi na gorfod cael gafael ar y treialwyr,' meddai Trolop yn hamddenol.

Aeth ias o ofn drwy galon Dr Morgan. Roedden nhw'n bygwth cael gafael ar y bobl a dreialodd y tabledi! Roedd hyn yn golygu y byddai bywyd y treialwyr mewn perygl!

Aeth y dynion allan a chaeodd Dr Morgan y drws ffrynt ar eu holau. Cafodd gip ar ei adlewyrchiad ei hun yn y gwydr patrymog a sylwodd ei fod yn crynu. Gwelai ŵr a oedd wedi heneiddio. A gwyddai y rheswm pam. Roedd ei fab, Dafydd, yn un o'r treialwyr. Byddai'n rhaid dweud y cyfan wrtho. Agorodd ddrws y lolfa. Ond doedd neb yno. Roedd yr ystafell yn wag.

7
Gweithredu

'Mae Casnewydd wedi mynd yn lle peryglus i mi, ferched,' meddai Dafydd.

'O, mae 'nghalon yn neidio wrth feddwl 'mod i'n cerdded gydag arwr!' oedd sylw Ffion.

'Mae Dafydd yn dweud y gwir,' torrodd Angharad ar ei thraws. 'Wedi'r cyfan, pe bai rhai o fechgyn San Cadog yn ei weld, neu'r lladron . . .'

'Byddai'n cael ei labyddio!' ychwanegodd Ffion.

'Llabyddio?' ailadroddodd Dafydd.

'Pe bait ti'n gwneud Astudiaethau Crefydd yn yr ysgol, fe fyddet yn gwybod mai lladd drwy daflu cerrig at rywun yw llabyddio,' esboniodd Ffion.

'A beth allai ddigwydd pe baem ni'n cael ein dal yn dodi'r posteri yma i fyny?' holodd Dafydd, yn teimlo'i fol yn dechrau cyffroi.

'Yr heddlu? Wel, byddem yn derbyn rhybudd. Cael pryd o dafod. Mae'n dibynnu ble wnawn ni osod y posteri.'

Wrth i Dafydd wrando ar gynllun Ffion ac Angharad, dechreuodd anadlu'n ddyfnach. Gwibiodd ei feddwl dros ddigwyddiadau'r diwrnod. Dau ddigwyddiad. Y rygbi a'r lladron. Does dim dau heb dri, meddyliodd. Dyma'r trydydd, mae'n siŵr.

Clywodd y tri sŵn peiriannau yn y pellter. Ymhen ychydig eiliadau, cryfhaodd y sŵn. Beiciau modur, meddyliodd Dafydd. Roeddent fel haid o wenyn. Picwns ar daith. Wrth i'r tri gyrraedd Sgwâr John Frost, gwibiodd pedwar glaslanc heibio iddynt fel fflach. Dechreuodd Ffion chwerthin. Roedd y beicwyr yn edrych yn rhyfedd. Beiciau bach oedd ganddyn nhw. Roeddent yn bla, ac wedi cael eu beirniadu'n llym ym mhapur yr *Argus*. Roedd y bobl leol a'r heddlu'n eu hystyried yn beryg bywyd. Ond roeddent yn edrych yn ddoniol hefyd. Bechgyn cryf â'u tinau bron yn cyffwrdd â'r llawr. Bechgyn hirgoes, yn gorfod agor eu coesau, gan ymddangos o'r tu ôl fel petai dwy adain fawr o boptu'r peiriant. Doedd yr un ohonynt â helmed.

Gwisgai'r pedwar waelodion tracwisgoedd gwyn a chrysau-T. Am eu gyddfau roedd cadwyni aur. Cafodd Dafydd gip hefyd ar fodrwyau ar fysedd yr arweinydd. Doedden nhw'n sicr ddim â'u bryd ar osod posteri.

'Tecst gan rywun,' gwaeddodd Ffion.

Tyrchodd Dafydd yn ei boced a llithro'i ffôn ar agor.

Ffonia. Dad.

'Dy dad yn poeni dy fod yn mynd i gael dy gamdrin gan ddwy ferch lysti fel ni, mae'n siŵr!' awgrymodd Ffion.

'Mae'n rhaid bod rhywbeth o'i le,' meddai Dafydd yn fyfyrgar. Ond fedrai e ddim ffonio nawr. Teimlai'n swil ac yn lletchwith wrth feddwl am y merched yn gwrando arno'n siarad â'i dad. Beth pe bai'r ddau ohonyn nhw'n dechrau dadlau â'i gilydd? Neu beth pe bai'i dad yn ei orchymyn i ddychwelyd adre ar unwaith, ac yntau ar fin gosod y posteri gyda Ffion ac Angharad? Byddai rhedeg am adre nawr yn gwneud iddo ymddangos yn anaeddfed. Tecstiodd ei dad yn frysiog:

'Nôl cyn bo hir.

Roedd y tri wedi cyrraedd Commercial Road. Teimlai Dafydd ychydig yn chwithig wrth feddwl y byddai'n torri'r gyfraith yn fwriadol. Pregeth fawr Ffion oedd amddiffyn hawliau a sefyll dros egwyddorion. Doedd e, Dafydd, ddim wedi meddwl rhyw lawer am ei egwyddorion cyn dechrau ymwneud â Ffion. Mynd gyda'r llif. Dilyn ei ddiddordebau oedd ei bolisi ef. Ond roedd Ffion, gyda'i hiwmor a'i hegni, ei hyfdra a'i hwyl dros y misoedd diwethaf, wedi'i ddeffro, ac wedi peri iddo ddechrau meddwl am bethau eraill heblaw am rygbi a sut oedd cael dêt gydag Angharad.

Yn awr, wrth gerdded heibio i gerflun W. H. Davies, atseiniai geiriau Ffion unwaith eto yng nghlustiau'r ddau weithredwr.

Edrychodd y tri o'u cwmpas. Roedd y stryd bron yn wag. Dim ond un cwpwl yn cerdded braich ym mraich, a phedair merch oedd yn amlwg mewn brys i gyrraedd tafarn yn ôl eu gwisg, oedd i'w gweld. Yn ôl eu sŵn roedd y merched eisoes wedi bod yn yfed ac mewn hwyliau da. *Ladettes*, meddyliodd Dafydd.

'Dyma ni,' cyhoeddodd Ffion, a stopio o flaen y siop goffi.

'Pam hon?' holodd Dafydd.

'Achos maen nhw'n gwrthod gweithredu polisi Cymraeg. Dim arwyddion dwyieithog. "No Welsh – only English" oedd y geiriau dydd Sadwrn diwethaf, a hynny'n reit surbwch,' esboniodd Angharad.

'Man a man 'se ni yn Lloegr. Edrycha ar y siopau yma o'n cwmpas ni – Gap, Next ac Ethel Austin. Pasia'r poster 'ma!' gorchmynnodd Ffion.

'Byddan nhw'n siŵr o'n gweld ni!' meddai Dafydd gan gyfeirio at y merched meddw.

''Sdim ots!' cyhoeddodd Ffion. Ond yn dawel bach, teimlai Dafydd y dylid ceisio osgoi trafferth yn hytrach na'i groesawu.

'Ond gallen nhw alw'r heddlu.'

'Y bwriad yw cael yr awdurdodau i'n gwarchod ni a gwarchod ein hiaith, nid ein cosbi ni.'

Wrth i Dafydd estyn y poster iddi o'r bag, sylwodd fod ei galon yn rasio, yn curo, a chrynai ei ddwylo rhywfaint. Sylweddolodd ei fod yn gweithredu. Lledodd ton o egni drwy'i gorff. Teimlai'n braf, yn hynod aeddfed. Roedd yn torri'r gyfraith a hynny'n fwriadol! Roedd e'n rebel!

Roedd Angharad eisoes wrthi'n gwlychu'r brws â glud gwyn ac yn ei daenu ar hyd y ffenest fawr.

'Bydd hwn yn rhywbeth iddyn nhw feddwl amdano,' sibrydodd Angharad.

'Hei, dim bilbord yw'r ffenest 'na!' gwaeddodd un o'r pedair merch meddw yn Saesneg wrth iddynt gerdded heibio.

'Be chi'n 'neud? Hysbysebu rêf?' holodd un arall.

'Nage,' atebodd Angharad yn dawel, hyderus. 'Hysbysebu'r iaith Gymraeg, a'r trais mae hi'n ei ddioddef.'

Edrychodd y *ladettes* ar ei gilydd gan graffu ar y poster.

'O'n i'n casáu Cymraeg yn yr ysgol ond bydden i wrth fy modd 'se ni'n gallu ei siarad hi nawr.'

'Beth yw'r pwynt? 'Sneb yn ei deall hi. Mae hi 'di marw,' cyfarthodd yr un dew yn ôl.

'Felly beth ydych chi'n mynd i wneud i'w hachub hi?' holodd Ffion. 'Mae pawb yn barod i helpu'r gorila a'r panda a rhyw blanhigion prin . . .'

Llamodd y ferch benfelen ymlaen gan dorri ar draws eiriau Ffion a phwyntio'i bys at y poster.

'Gorchuddiwch y ffenest i gyd!' meddai fel pregethwr.

'Es i i ysgol Cymraeg,' medde'r ferch leiaf yn eu plith. 'Dim wedi siarad gair ers gadael. Gwd sgŵl, mind. Gwd laff hefyd.'

Cerddodd y pedair i lawr y stryd fraich ym mraich, yn llafarganu'r ychydig eiriau Cymraeg oedd wedi dod yn ôl i'r cof :

'Cacha bant, cacha bant . . .'

Ond boddwyd eu sŵn gan ruo beiciau modur. Rhuthrai pedwar marchog i fyny'r stryd ac wrth iddynt fynd heibio i'r pedair merch, clywyd hwy'n gweiddi 'Slags' arnynt.

Ymatebodd y pedair gan ysgwyd eu dyrnau. Un bys, dau fys, a dwrn yn ysgwyd.

'Dewch! Siop nesaf! Yn glou!'

Wrth i'r tri gerdded o'r siop goffi, curai eu calonnau'n gyflymach o weld y pedwar beiciwr yn ymgynnull ychydig o'u blaenau, ger eu targed nesaf. Byddai mwy o holi, roedd hynny'n siŵr. Ond yr hyn a boenai Dafydd oedd y streipen olau a redai drwy walltiau dau o'r beicwyr. Fe'i hatgoffwyd o'r mochyn daear neu'r sgync. Oedd, roedd wedi gweld y gwallt yna o'r blaen, a hynny'n ddiweddar. Ar y cae rygbi! Llyncodd ei boer.

Wrth i'r tri gweithredwr oedi o flaen y ffenest, chwyrnodd y beicwyr eu peiriannau a rhythu ar y ddwy ferch.

'Hei, gei di afael yn fy mrws i unrhyw ddydd!' arthiodd y llanc tenau gan chwerthin ar ei glyfrwch geiriol.

Teimlai Dafydd ei natur yn codi. Dyma bedwar digywilydd na haeddai gael cyfarch Angharad na Ffion fel y gwnaent. Gallai pethe fynd yn flêr.

'Gadewch lonydd i ni,' meddai Dafydd yn fwyn.

'O!' ebychodd y crwt main a ymddangosai fel arweinydd y giwed haerllug. 'Mae'r bag ledi'n medru siarad! A siarad Saesneg hefyd! Pam 'smo ti'n stico posteri lan 'de? Gormod o gachwr?' Yna llefarwyd y geiriau roedd Dafydd wedi ofni eu clywed. Roedd y llais yn ddwfn a'r ynganu'n araf. 'Dwi 'di dy weld di o'r blaen yn rhywle.'

Mentrodd Dafydd ymateb er mwyn cymhlethu'r sefyllfa.

'Dwi'n *male model*. Efallai dy fod di wedi 'ngweld i mewn cylchgrawn.'

Dechreuodd y tri arall chwerthin o weld cyfle i bryfocio'u cyfaill. 'Nid hwn oedd *toy boy* dy fam, Jake?'

'Hei, pa gylchgronau wyt ti'n darllen, Jake?'

'Dyw Jake ddim yn gallu darllen. Dim ond edrych ar y lluniau!' Roedd y chwerthin yn gras a'r cynllun fel petai'n gweithio. Ond yna, wrth i Ffion ac Angharad orffen gosod y poster a dechrau gwthio Dafydd i gychwyn oddi yno, dyma'r pen tywyll â'r streipen olau'n cyhoeddi,

'Blydi hel! Fe yw'r nytar wnath wlychu dillad y tîm rygbi!'

8

Yr ymosodiad

'Rhedwch!' gwaeddodd Dafydd. Brasgamodd Ffion ac Angharad 'nôl i fyny'r stryd, ac er mwyn creu dryswch i'r pedwar beiciwr, rhedodd Dafydd i'r cyfeiriad arall.

Teimlai egni tanllyd yn llifo trwy'i gorff. Yn sydyn roedd y bag canfas, melyn a gariai ar ei ysgwydd wedi ysgafnhau.

Trodd y pedwar beiciwr eu beiciau'n swnllyd mewn cylchoedd, yn ansicr beth i'w wneud tan i'r llanc main arwain yr haid i lawr y stryd ar ôl Dafydd. Teimlai Dafydd fel Forrest Gump, yn rhedeg am ei fywyd. Gwyddai ei fod yn hedfan heibio i ffenestri'r siopau. Ond gwyddai hefyd fod y pedwar beiciwr yn cau'r bwlch yn gyflym, gan fod sŵn y peiriannau'n cryfhau yn ei glustiau. Faint o eiliadau oedd ar ôl ganddo cyn y câi ei oddiweddyd? Pum eiliad? Sgrechiai'i ysgyfaint am anadl. Doedd dim un lôn yn ei wahodd i newid cyfeiriad. Gwyddai fod y pedwar beic modur yn troelli rhwng y pyst a redai yn gyfochrog â'i gilydd ar hyd ochrau'r stryd siopa. Gwyddai fod y giang o feicwyr yn mwynhau'r helfa ac yn dangos eu hunain braidd, cyn penderfynu ei ddal ef – eu hysglyfaeth.

Gydag un cip sydyn dros ei ysgwydd, gwelai Dafydd fod y meinaf o'r criw'n ennill tir. Beth fydden nhw'n ei wneud nesaf? Ei rwystro? Ei guro? Oedden nhw'n cario cyllyll? Dim ond un peth a fedrai wneud.

Tynnodd strap y bag melyn oddi ar ei ysgwydd a throi'n sydyn. Roedd y beic yn dod yn syth amdano ac roedd golwg wyllt, hyll ar y marchog ifanc. Siglodd Dafydd y bag canfas, melyn o gylch ei ben fel petai am daflu'r morthwyl ar y maes athletau, yna gollyngodd ei afael a hedfanodd y bag i gyfeiriad wyneb y gyrrwr.

Wrth i'r beiciwr sylweddoli fod yna daflegryn annisgwyl yn hedfan tuag ato, trodd ei feic yn ddisymwth i'r chwith. Roedd sydynrwydd y newid cyfeiriad wedi gweithio, gan droi goleddf gris y palmant yn llithren hwylus. Esgynnodd y beic fel awyren jet gan daflu'r gyrrwr drwy ffenest siop Next, gyda'r beic yn ei ddilyn fel cwningen i dwll. Diflannodd y bachgen dan bentwr o fodelau diemosiwn.

Tasgodd gwydr i bobman a chyhoeddodd larwm diogelwch fod cyfraith a threfn wedi eu torri. Roedd y beic modur yn dal i swnian mewn rhyw gornel o'r siop. Rhewodd Dafydd yn ei unfan a syllu'n gegagored ar yr olygfa.

'Cachu hwch! Coc y gath!' meddai. Ni wyddai o ble y daeth y geiriau, ond gwyddai ei fod wedi eu clywed gan ei rieni a'i ddad-cu o'r gorllewin, a'u bod yn gorwedd yn ddwfn rhywle mewn ffos yn ei galon. Doedd o ddim wedi bwriadu achosi'r fath lanast! Stopiodd y tri beiciwr arall ger y ffenest. Yna gwelodd Dafydd ddau ohonynt yn camu i mewn drwy'r gwydr. Clywai hwy'n gweiddi,

'Dere Craig. *Smash and grab.*'

'Ydy Jason yn iawn?'

'Paid â becso am Jason. Y siaced ledr dwi eisiau!'
'Beth am y camerâu?'
'Rhy hwyr i boeni am y rheini. Jake, cadwa olwg tu fas!'

Ond cyn i neb fedru dweud dim, pwyntiodd Jake tu ôl i ysgwydd Dafydd gan gyhoeddi'n glir,

'Cops!'

Fel gwenyn wedi gwylltio, diflannodd y tri beiciwr yn ôl i fyny'r stryd gyda dillad yn cyhwfan dan eu ceseiliau a Craig yn gwisgo siaced ledr ddu newydd. Yn eu dilyn, gyda'i feic modur yn peswch a chwyno, roedd Jason. Gwelai Dafydd fod gwaed ar ei dalcen yn rhedeg yn rhaeadrau i lawr ei wyneb.

Agorodd drysau'r car heddlu cyn iddo stopio symud yn iawn, gydag un heddwas yn gweiddi i'w ffôn a'r llall yn camu i mewn i Next drwy'r ffenest doredig.

Roedd Dafydd eisoes wedi ailddechrau rhedeg. Saethodd heibio i'r car heddlu a oedd bellach wedi ychwanegu at sŵn y larwm gyda'i seiren. Cyrhaeddodd fwlch rhwng y siopau ar y llaw dde. Ceg lôn fach oedd hon. Trodd a'i dilyn. Roedd yn rhy gul i'r un car heddlu, ond byddai mwy o heddweision yn chwilio cyn bo hir. Yn awr roedd yn rhaid iddo osgoi'r glas yn ogystal â'r beicwyr. Meddyliodd yn galed. Rhaid oedd iddo ddiflannu. I rywle na fyddai'n denu sylw.

Wedi cyrraedd yr heol lydan o'i flaen, meddyliodd am yr opsiynau. Dau oedd ganddo a dweud y gwir. Canolfan Hamdden Casnewydd neu Ganolfan Gelfyddydau Glan yr Afon. Gwyddai bod llai o fynd ar y celfyddydau na'r pwll nofio. Gallai roi'r argraff ei fod yno er mwyn edrych ar y lluniau yn yr oriel fach, neu efallai gallai sleifio'i ffordd i mewn i ail hanner rhyw gynhyrchiad yn y theatr.

Mentrodd groesi'r heol a chamu mor hunanfeddiannol ag y medrai i mewn drwy'r drysau gwydr ac i gyntedd eang Glan yr Afon. I'r chwith, gwelai dri chwpwl yn bwyta ac yn yfed paned a grŵp o dri yn sgwrsio. Cafodd gip sydyn gan ddau ohonynt cyn iddyn nhw barhau â'u sgwrsio.

Diod, meddyliodd. Roedd ei geg yn sych. Yn sych fel cesail camel, fel y dywedai ei dad ambell dro. Ac roedd y chwys yn rhedeg i lawr ei gefn. Aeth at y bar a gofyn am ddŵr. Gosododd merch ifanc y gwydryn ar y cownter a chyn iddi droi'i chefn roedd Dafydd wedi llyncu pob diferyn o'i gynnwys.

'Bobol bach! Sychedig, yn dydyn ni?'

Llyncodd Dafydd beint arall o ddŵr wrth i'r ferch ifanc sbio dros ei hysgwydd gyda gwên swil ar ei hwyneb.

'Fe af i i gael golwg ar y lluniau,' meddai Dafydd. Cerddodd at yr oriel. Roedd ei feddwl yn gymysgedd o gwestiynau yr hoffai gael atebion iddyn nhw. A oedd Angharad a Ffion yn ddiogel? Roedd ei dad eisiau iddo ffonio. Oedd ei dad am ei geryddu am adael y tŷ'n sydyn a heb esboniad? Go brin. Yn ddiweddar, câi fynd a dod mwyfwy fel y mynnai. Na. Rhaid bod rheswm arall dros gais ei dad. Tybed a oedd yr ysgol wedi cysylltu ag ef? Neu a oedd ei fam wedi cyrraedd gartref ac yn gandryll? Yn sicr, byddai'i dad wedi trafod digwyddiadau'r diwrnod gyda'i wraig, ond yn anffodus, gwyddai Dafydd fod ei dad yn tueddu i anghofio nodi'r ffeithiau pwysicaf. Gwyddai y gallai resymu gyda'i rieni ond teimlai Dafydd fod y digwyddiadau'n cynyddu fel caseg eira, a honno'n dechrau rholio'n ddireolaeth o'i afael.

Yr hyn a'i boenai fwyaf oedd y newid oedd yn digwydd i'w gorff. Gyrrai'r arwyddion ias o ofn a gwefr drwyddo – yr egni, cryfder, stamina a'r pŵer rhyfeddol a deimlai o bryd i'w gilydd. Roedd ganddo ysfa barhaol i wneud ymarfer corff, gyda'r corff a'r cyhyrau fel petaen nhw'n dyheu am gael chwysu a gweithio. Roedd e wedi medru rhedeg oddi wrth y beiciau heb deimlo fawr o flinder. Ac er gwaetha'r holl gynnwrf a rhedeg, teimlai'n ddigon egnïol o hyd.

Yn awr, gofynnodd y cwestiwn a oedd wedi bod yn pigo yng nghefn ei feddwl ers cryn amser – cwestiwn yr oedd wedi penderfynu ei anwybyddu hyd yn hyn. A oedd ef wedi cael pilsen go iawn yn hytrach na'r plasebo ar ddiwrnod yr arbrawf? Roedd ei dad wedi'i sicrhau mai ef fyddai'n cael y plasebo. Ond tybed a oedd rhywbeth wedi mynd o'i le?

Syllodd Dafydd ar y lluniau yn yr oriel. O'i flaen roedd llun o wyneb yn syllu arno. Wyneb merch bryd golau â llygaid brown, treiddgar, bywiog, a gwefusau a ddadlennai hanner gwên. Perthynai rhyw herffeithrwydd i'r wyneb. Yna, gwelodd y gwefusau'n dechrau agor. Beth yn y byd? Allai hyn ddim bod, meddyliodd. Doedd o ddim wedi meddwi! Curai'i galon yn gyflymach ac yn galetach. Yn sydyn, roedd pryder yn llygaid y ferch a'r gwefusau'n ffurfio gwaedd, cyn i'r llygaid gau fel pe baent mewn poen, mewn gwewyr. A oedd y ferch yn ysgwyd ei phen mewn anobaith a siom? Camodd Dafydd yn ôl yn simsan a phetrusgar. Teimlai'r chwys yn rhedeg i lawr ei wyneb. Roedd yn rhaid iddo eistedd. Camodd o'r oriel gan anelu am y cyntedd ymgynnull wrth y ffenest fawr gyferbyn. Gollyngodd ei bwysau i gadair ledr feddal. Oedd e'n drysu? Yn dechrau dychmygu pethau? A oedd ei feddwl yn datgymalu?

Penderfynodd mai'r peth doethaf fyddai dychwelyd adref – ffonio'i dad i ddod i'w nôl, cyfaddef am y posteri a'r digwyddiad gyda'r beicwyr, mynegi'i bryder am yr arbrawf a gweld sut fyddai pethau'n datblygu. Onid oedd ei dad wedi dechrau dweud wrtho gynnau nad oedd e wedi bod yn gwbl onest gydag ef? Roedd wedi dal ei dad yn edrych arno'n ddifrifol iawn. Ai'r lladron oedd yn ei boeni neu tybed a oedd yn meddwl am yr arbrawf? Efallai ei fod yn difaru ei fod wedi defnyddio'i fab ei hun yn y treialu. Efallai . . . Na, meddyliodd Dafydd.

Edrychodd Dafydd drwy'r ffenest fawr ar yr afon a lifai'n hamddenol heibio i'r theatr, yn adlewyrchu lliwiau nos y ddinas. Wrth syllu ar dywyllwch y ffenest, gwelodd wynebau'n ffurfio – Ffion, Angharad, ei erlidwyr a'r lladron. Toddai'r wynebau i'w gilydd wrth i'w feddwl lamu o un digwyddiad i'r llall.

Clywodd ei ffôn yn canu. Agorodd y sgrin a gweld mai Ffion oedd wedi danfon neges. Roedd hi ac Angharad wedi cyrraedd adre ac yn holi amdano.

Mewn pum munud roedd Mini Cooper coch chwaer hŷn Angharad yn disgwyl amdano.

9

Wynebu'r rhieni

'Beth ar y ddaear sy'n digwydd?'

Safai mam Dafydd yng nghanol llawr y gegin, ei dwylo ar ei gwasg a'i gwallt fel tas wair, wyllt. Roedd hi'n amlwg bod y gofid a'r gwylltio wedi ei llwyr gynhyrfu, a hithau wedi blino ar nos Wener ar ôl bod yn y llysoedd drwy'r dydd.

Gwyddai Dafydd fod yna gwestiynau rhethregol a chroesholi, os nad croeshoeliad, yn ei aros. Teimlai fel oen bach wedi'i gornelu, ond ni theimlai'n euog. Roedd rhesymau digon dilys dros y cyfan. Ond a fedrai gyflwyno'i stori a'i resymau? Tybed beth oedd yn poeni'i fam fwyaf? Oedd hi wedi clywed am yr halibalŵ yng Nghasnewydd? Doedd bosib fod yr heddlu wedi'i adnabod a chysylltu â'i gartref mor gyflym â hyn? Yna cofiodd am y bag. Efallai fod y bag wedi bod yn gliw iddyn nhw. Oedd yna gyfeiriad ar y bag?

'Mae'r prifathro wedi bod ar y ffôn,' cychwynnodd ei fam gan gamu ymlaen a rhoi'i dwylo ar gefn cadair pen y bwrdd. 'A oeddwn i'n gwybod, meddai, fod fy mab wedi taflu holl ddillad tîm rygbi San Cadog i'r cawodydd ac wedyn wedi diflannu o'r ysgol cyn i'r gloch ganu?'

Gwyddai Dafydd fod seibiau yn medru bod yn effeithiol. Roedd athrawon yn eu defnyddio'n gyson yn yr ysgol pan aent ar ben caets. Ond roedd ei fam yn fargyfreithwraig, ac roedd y seibiau rhywsut yn fwy dirdynnol a phoenus.

'Wyt ti wedi colli'r plot? Ai dyna sut mae'r Dafydd ry'n ni wedi'i fagu'n ymddwyn? Dwi 'di clywed hanner stori arall gan dy dad. Pam na wnest ti ffonio'r heddlu?'

'Fe wnes i!' atebodd Dafydd yn amddiffynnol.

'O do! Ar ôl i ti geisio delio â nhw! Ar ôl ymladdfa yn y tŷ! Ar ôl i waed gael ei dywallt ar garped y stydi a'i dasgu ar hyd y wal! Gallai hynny fod wedi bod yn rhy hwyr! Fe wnest ti'r penderfyniad anghywir, Dafydd! Anghywir! Wyt ti'n deall? Ddylai neb wynebu lladron ar wahân i'r heddlu.' Roedd y tawelwch fel carped trwchus dan draed. Ailddechreuodd Gwenno Morgan ar ei haraith.

'Ac mae dy dad hyd yn oed yn awgrymu mai nid lladron cyffredin mohonyn nhw!' Ysgydwodd Gwenno'i phen yn araf a sbio ar y nenfwd.

'Wn i ddim ar ba blaned wyt ti'n byw weithiau, Rhish.' Yna tawelodd ei llais yn ddramatig, fel bargyfreithwraig brofiadol yn creu awyrgylch mewn llys barn. 'Os wyt ti'n celu rhywbeth – os wyt ti'n peryglu diogelwch y teulu, wna i byth faddau i ti!'

Gwyddai Dafydd fod y sylw o'r diwedd yn dechrau troi oddi wrtho. Dyma fyddai'n digwydd fel arfer yn Hafan y Glyn. Ar ôl ei geryddu ef, byddai'i fam yn llwytho'r bai ar ei gŵr.

'Dim bai Dad yw e!' mentrodd Dafydd.

'Dwi ddim yn credu bo chi'ch dau'n sylweddoli pa

mor ddifrifol mae pethe fel hyn yn gallu bod. Gallai fod cyllell ganddyn nhw, a gallet ti fod yn gorwedd yn yr ysbyty nawr yn ymladd am dy fywyd. Dwi'n gweld pethe fel hyn bob dydd, Dafydd. Straeon trist. Bechgyn ifainc, rhai ohonyn nhw mor ddiniwed, yn cael eu lladd. Gallet ti fod ar y newyddion heno achos dy fod wedi cael dy drywanu â chyllell! Ac wedyn diflannu gyda Ffion ac Angharad! Er mwyn fy osgoi i, mae'n siŵr. Cilio. Yr euog a ffy, medden nhw.'

Doedd ei fam, felly, ddim yn gwybod am drafferthion y gosod posteri. Byddai tri chyhuddiad yn ei erbyn wedi bod yn ormod.

'Eistedda!' gorchmynnodd y fam. 'Beth sydd gyda ti i'w ddweud?'

Er y cynnwrf a'r llais cyhuddgar, gwerthfawrogai Dafydd ynganu clir a gofalus ei fam. Roedd cywirdeb yn bwysig iddi a gwyddai y gallai ddadansoddi pob manylyn yn ofalus. Wedi'r cyfan, doedd hi ddim yn un o brif fargyfreithwyr de Cymru ar chwarae bach. Ychydig fisoedd yn gynharach, byddai Dafydd wedi bod yn gwingo mewn ofn a nerfusrwydd wrth dderbyn y drefn fel hyn gan ei fam. Heno, teimlai'n hunanfeddiannol. Bron na theimlai'n falch o'r sylw – sylw a oedd wedi bod mor brin dros y blynyddoedd wrth i'w dad a'i fam gladdu eu hunain yn eu gyrfaoedd.

'Sut ydw i'n mynd i wynebu dy brifathro di?' arthiodd Gwenno.

Dyma ei gyfle i siarad. Gwelai fod ei dad yn eistedd yn ddigon anghysurus yn y gadair freichiau. Roedd yn amlwg wedi cael pryd o dafod am beidio ag ymateb yn briodol i'r sefyllfa gan ei wraig. Gwrandawiad llys barn, meddyliodd Dafydd.

'Dwi'n cyfaddef i mi wylltio'n llwyr. Ac mae'n siŵr bod gwlychu dillad tîm rygbi San Cadog yn annerbyniol.'

Syllodd y fam ar y tad.

'Annerbyniol?' ebychodd.

'Ond,' parhaodd Dafydd, 'mae yna resymau dros y gwylltio. Ddydd Mercher, fel y'ch chi'n gwybod, mae gêm rygbi bwysig. Tîm ysgolion Casnewydd a'r cylch yn erbyn tîm ysgolion y gorllewin. Fi yw'r maswr, ond mae sawl un, yn cynnwys ambell athro, yn anfodlon iawn ar hynny. Dwi flwyddyn yn rhy ifanc yn eu tyb nhw, ac mae sawl un o'r chweched yn colli'i gyfle. O ie, a dwi'n mynd i ysgol Gymraeg sydd ddim, fel arfer, yn cynhyrchu chwaraewyr da ar lefel sirol. Fe ges i fy anfon bant o'r cae heddiw. Roedd e'n fwriadol annheg, ac fe wyddai rhai o'r dorf oblygiadau'r anfon bant. Mwy na thebyg na chaf i chwarae ddydd Mercher yn Rodney Parade. Cyfle felly i'r ddau fachgen arall o ysgolion Saesneg sy'n ceisio am yr un un safle â fi – un ohonyn nhw o San Cadog!'

Gwyddai Dafydd fod ei fam wedi dadansoddi'r stori a'i bod hi'n anfodlon.

'Felly rwyt ti'n cymryd y gyfraith i dy ddwylo dy hunan. Rwyt ti'n dial ac yn gwneud i bawb ddioddef drwy gyflawni gweithred hollol blentynnaidd sy'n dwyn gwarth ar dy enw di a'th ysgol. Wyt ti'n meddwl y bydd 'na gyfle nawr i ti gael dy ddewis yn y dyfodol? Mae d'enw di'n fwd. Byddi di'n ormod o gyfrifoldeb i gael dy ddewis ar gyfer yr un tîm. A pham, os oeddet ti'n teimlo cymaint o anghyfiawnder, na fyddet ti wedi dod adre a gofyn i mi ymladd dy achos? Neu'n fwy rhesymol fyth, gallet ti fod wedi rhannu dy bryderon gyda'r athro ymarfer corff? Dyna'r sianelau cywir.' Saethai'r geiriau tuag ato fel bwledi poeth gyda phob brawddeg yn tyllu hyder Dafydd.

Ceisiodd gynnig rhywfaint o amddiffyniad.

'Ond Mam! Roedd y cyfan wedi cael ei drefnu! Roedden ni'n cael ein camdrin ar y cae! Roedd agenda gudd gan y dyfarnwr a'r tîm arall. Roedd pawb yn ein herbyn ni, am fwy nag un rheswm.'

Rhoddodd Gwenno Morgan ei phen yn ei dwylo cyn cyhoeddi'n ddramatig, 'Mae'n siŵr mai fi sydd ar fai. Dwi byth adre, nag ydw? Gweithio er mwyn cael byw yn y tŷ yma a chael mynd ar ein gwyliau deirgwaith y flwyddyn, gan fod fy ngŵr â'i drwyn mewn tiwb prawf yn barhaus. Dyma yw canlyniad y cyfan – mab sy'n becso dim. Mab nad yw'n gwybod y gwahaniaeth rhwng da a drwg.' Edrychodd Gwenno ar Dafydd a chaledodd ei llygaid llaith. 'Dwi'n gorfod mynd mewn i'r ysgol fore Llun – cyfarfod i drafod diarddeliad fy mab. Byddi di yno, a thithau, Rhisiart. A dwyt ti Dafydd ddim i adael y tŷ 'ma dros y penwythnos ar unrhyw gyfrif.'

'Ond mae gen i gêm fory 'da'r tîm ieuenctid yn . . .' dechreuodd Dafydd bledio.

'Dwi ddim yn becso os wyt ti fod i chwarae dros

Gymru yfory, dwyt ti ddim i adael y tŷ,' torrodd Gwenno ar ei draws. Yna gwelodd Dafydd ei fam yn cynhyrfu mwyfwy wrth iddi sylweddoli y byddai'n rhaid iddi fynd i'w swyddfa drannoeth, gan na fedrai baratoi ddydd Llun gogyfer â'r achos llys oedd ganddi ddydd Mawrth. Trodd at ei gŵr a dechrau cwyno am yr anghyfiawnder yn ei bywyd hi.

Felly bydd ceidwad y carchar ddim yma i gadw golwg ar y carcharor, meddyliodd Dafydd.

Aeth amser swper yn angof.

10

Moch cwta mewn caets

Neidiodd y ddau ar eu traed wrth iddyn nhw glywed y drws yn cael ei ddatgloi. Cerddodd gŵr cydnerth, canol oed i mewn i'r ystafell gyda gŵr ifancach, tal a main yn ei ddilyn. 'Eisteddwch!' gorchmynnodd yn gadarn. Syllodd Siân ar Luke yn nerfus. Eisteddodd y ddau'n araf – hithau ar y soffa frown ac yntau ar y gadair freichiau, feddal. Yr oedd awgrym cryf o acen Dwyrain Ewrop gan y gŵr canol oed.

'Peidiwch â meddwl am geisio dianc. Rydych yn ddiogel ac yn cael eich gwarchod. Wnawn ni ddim niwed i chi.'

'Pam ydyn ni yma?' mentrodd Luke ofyn. Roedd ei ben yn brifo'n ofnadwy ers iddo gael ei gipio. Rhaid eu bod nhw wedi defnyddio cloroffform neu rywbeth tebyg. 'Beth sy'n mynd i ddigwydd i ni?'

'Dyw eich bywydau ddim mewn perygl ar y funud,' meddai'r gŵr cadarn â'r llygaid caled. 'Dim mewn mwy o berygl na'r adeg pan oeddech chi yn yr ysbyty yn treialu gyda Dr Morgan. Bydd Evan fan hyn yn cymryd sampl o'ch gwaed chi nawr. Does dim angen poeni – mae Evan yn ofalus iawn. Mae glendid yn bwysig iawn iddo.'

Cythruddwyd Siân. Doedd dim hawl ganddyn nhw eu carcharu, a nawr roedd rhyw ddarlun yn dechrau ffurfio'n ei meddwl. Mentrodd brocio.

'Chewch chi ddim gwybodaeth am y cyffur drwy gymryd sampl gwaed. Wnewch chi ddim llwyddo.'

Llenwyd yr ystafell â sŵn chwerthin gwawdlyd.

'*Guinea pigs* ydych chi. Gallwn ni'ch trin chi fel ni'n moyn. Ond mae'n haws os byddwch yn cydweithio. Dim problemau – dim niwed.'

Syllodd Siân ar wyneb caled y gŵr a safai o'i blaen. Daeth y cip a gafodd ar ei hymosodwr yn ôl i'w chof: gên gadarn, sgwâr, a thrwyn cymharol fflat; llygaid main, brown tywyll, dideimlad a phen moel. Gwisgai'r gŵr gadwyn aur o gwmpas ei wddf.

Gwyddai Siân mai hwn oedd yn ei disgwyl yn y tŷ pan ddychwelodd y noson o'r blaen. Pe bai hi ond wedi gwahodd y newyddiadurwr i mewn i'w thŷ, efallai na fyddai hyn wedi digwydd . . .

'Evan. Os gwelwch yn dda?'

Camodd Evan ymlaen yn gyflym gan agor câs bach du. Gwelwodd wynebau'r ddau wystl wrth iddyn nhw weld dwy chwistrell waed, wag yn cael eu gosod yn barod ar y bwrdd ynghyd â gwlân cotwm.

Roedd wyneb y gŵr cadarn yn ddifynegiant.

11

Caethiwed

Roedd Dafydd wedi danfon dau e-bost. Un at Angharad a Ffion yn awgrymu y byddai'n galw draw pe bai'n cael caniatâd i fynd i redeg, a'r llall at Michael, Ieuan a Wil. Gwyddai y byddai'n destun trafod gan nad oedd yn cael chwarae yn y gêm ac y byddai rhai o'r tîm yn siomedig eu bod yn gorfod chwarae hebddo. Ond gwyddai hefyd y byddai'r tri ffrind yn falch o dderbyn ei e-bost achos roedd e wedi defnyddio'i amser yn ddoeth.

Roedd wedi cael trafferth mynd i gysgu. Treuliodd oriau'r nos yn troi a throsi. Roedd gormod o bethau'n blino'i feddwl. Nid oedd yn teimlo'n flinedig chwaith. Penderfynodd yn y diwedd ei fod am godi o'i wely, a bwrw ati i wneud ei waith cartref. Gallai gofio popeth a ddarllenai'n glir. Rhwng chwech a naw y bore, roedd e wedi ailddarllen y ddrama *Blodeuwedd* i gyd ac wedi ei mwynhau. Lluniodd ymson hir gan y prif gymeriad, Llew, i'w waith cwrs. Teimlai fod Llew, fel yntau, wedi dioddef cam. Roedd mam Llew, sef Arianrhod, wedi bod yn gas tuag ato, ac roedd Gwydion, y dewin a oedd wedi ceisio helpu Llew, wedi achosi niwed iddo hefyd.

Onid oedd ef yn yr un sefyllfa â Llew?

Roedd y syniadau wedi llifo ac erbyn y bore roedd e

wedi llunio mwy nag un ymson a llawer o bwyntiau bwled. Dyma'r gwaith a anfonodd at ei dri ffrind.

Gwyddai y dylai deimlo'n euog ond roedd torri'r drefn wedi rhoi pleser iddo – wedi lleddfu ychydig ar ei rwystredigaeth. Ond yn awr dechreuodd feddwl am y gêm rygbi na châi ei chwarae. Teimlai awydd mawr i wneud ymarfer corff.

Ymhen deng munud, yr oedd Dafydd yn y garej. Ym mhen draw'r garej ddwbl yr oedd y gampfa a'r pwysau rhydd. Cofiodd y dadlau a fu pan geisiodd ddarbwyllo'i rieni ei fod yn ddigon hen i gael yr offer, ond llwyddodd i'w argyhoeddi yn y diwedd. Roedd y pris arbennig wedi helpu, ond roedd yr addewid y byddai'n ofalus i beidio â gor-wneud pethau wedi ennill y dydd. Ac yn awr roedd y gampfa bersonol yn ei wahodd i fynegi'i ddicter a'i lid.

Cysylltodd yr i-pod â'r uchelseinydd ar y wal. Dŵr, miwsig a setiau o ddeg, yna pymtheg ac ugain, cyn dod i lawr y pyramid ymarfer i bymtheg, ac yna deg unwaith eto. Gweithiodd ar y breichiau i ddechrau, cyn gweithio i lawr y corff. Ymhen deugain munud yr oedd wedi ymlâdd. Crynai'i gorff a châi drafferth i godi'r botel ddŵr i'w geg. Clywai sŵn tincial yn ei glustiau. Ond synnodd pa mor gyflym y teimlodd ei gorff yn adnewyddu a bywiogi. Powliai'r chwys i lawr ei dalcen. A ddylai fentro unwaith eto? Byddai'n llawer rhy stiff i fedru chwarae ddydd Mercher – pe câi'r hawl i wneud hynny. Mentrodd.

* * *

Roedd y gawod wedi gogleisio'i gorff. Teimlai'n lân. Roedd y tincial yn ei glustiau wedi peidio. Syllodd yn y drych a gweithio'i gyhyrau. Heb amheuaeth, roedden nhw'n fwy amlwg o lawer. Wrth syllu i'r drych, dychmygodd wyneb Angharad yn ymffurfio o'i flaen. Gosodai ei llaw ar ei ysgwydd, ac yna'n raddol, a'i bys fel blaen pensil, tynnai linell i lawr ei gorff. Caeodd Dafydd ei lygaid.

'Dafydd,' meddai llais hudolus, 'Mae'n bryd i ti ddangos dy ddyfeisgarwch. 'Sdim pwrpas breuddwydio, os nad wyt yn gweithredu.' Agorodd Dafydd ei lygaid gan weld ei hun unwaith eto yn y drych. Ai ei eiriau a'i ddymuniad ef oedd y rheini, neu geiriau Angharad?

Ychydig funudau'n ddiweddarach, gwelwyd bachgen ifanc, heini yn dringo allan o ffenest ochr tŷ mawr yng Nghasnewydd, a chydag un naid fach hyderus, glaniodd ar do fflat y garej. Agorodd gât bren yr ardd a chamu allan i'r heol. Efallai y dylai fod wedi dweud wrth ei dad ei fod yn mynd i redeg, ond roedd eisoes wedi dweud wrtho ei fod yn gwneud ymarferion corfforol yn y garej. Teimlai na ddylai ei boeni o hyd ac o hyd, gan fod digon o bethau yn pwyso ar feddwl y doctor.

Pe bai Dafydd wedi troi i edrych ar y lôn raean, goediog a arweiniai i'w gartref, byddai wedi gwcld dyn bach, byr o gorffolaeth, yn syllu'n syn arno. Ond roedd meddwl Dafydd ar bethau eraill.

Ysgydwodd Iwan Huws ei ben gan chwerthin, cyn troi'n sydyn a rhedeg am ei gar. Dywedai ei drwyn newyddiadurol wrtho fod yma ben llinyn stori ddiddorol.

* * *

'Mae'n rhaid i ni ddianc!' sibrydodd Siân.

Edrychodd Luke arni'n ddwys.

'Sut mae gwneud hynny? Mae'r ddau fachgen cryf yna, Lubos a Marek, yn ein gwylio ni bob eiliad. Mae'r drws ar glo. Dyw'r ffenest ddim yn agor chwaith. A 'tasen ni'n torri'r gwydr ac yn llwyddo i ddringo mas, byddai'r gwymp yn . . .' Oedodd Luke yng nghanol ei frawddeg a throi at Siân. 'Maen nhw hyd yn oed yn ein hebrwng i'r tŷ bach, Siân.'

'Beth pe baem ni'n gallu eu gwahanu nhw? Gallen ni eu twyllo – esgus bod un ohonom yn dost, falle? Mae'n rhaid i ni wneud rhywbeth! Rhaid i un ohonon ni ddianc er mwyn dweud wrth yr heddlu. Duw a ŵyr beth sydd o'n blaenau ni, Luke. Efallai weli di byth mo Caren eto.'

'Beth am i ni gwympo mas? Dadlau. Ymladd. Bydde'n rhaid iddyn nhw ein gwahanu ni wedyn. Gallai hynny greu problemau iddyn nhw a rhoi cyfle i ni ddianc.'

Aeth y gwaith trafod yn ei flaen am dipyn.

12

Rhwyd

'Fedra i ddim aros am yn hir,' pwysleisiodd Dafydd.

'Ond mae'n bwysig ein bod yn cadw'r momentwm. Fedra i ddim credu nad yw'r heddlu wedi dilyn trywydd y bag canfas,' meddai Ffion yn fyfyrgar.

'Dyna reswm arall pam na ddylen ni fynd o gwmpas Casnewydd yn rhoi posteri lan,' ychwanegodd. Gwrandawodd Dafydd ar y gerddoriaeth. Anaml iawn y gwrandawai ar gerddoriaeth Gymraeg. Ffion oedd yr unig un yn y dosbarth oedd yn gwneud hynny. Gwyddai Dafydd ei bod yn gwybod popeth am y sîn roc Gymraeg.

'Pwy sy'n canu?' gofynnodd iddi.

'Meinir Gwilym. Wyt ti'n ei hoffi?'

'Dwi erioed wedi'i chlywed yn canu o'r blaen. Mae hi'n ffitio lot o eiriau i mewn i'r gân.'

'Ond mae yna grŵp dwi'n credu y byddet ti'n ei hoffi – Sibrydion neu'r Poppies.' Aeth Ffion ati i newid y CD.

Rhyfeddodd Dafydd at Ffion. Yr oedd pawb yn ffrindiau â'r ferch hon. Yr oedd hi'n ferch annibynnol â'i meddwl ei hun. Roedd hi'n hoff o rygbi ac yn gefnogwraig frwd o'r Dreigiau. Roedd hi'n bêl-droedwraig dda ac yn wahanol i bawb arall byddai'n mynd i'r capel ar y Sul. Edmygai Dafydd ei dewrder am fentro bod yn hi ei hunan. A dyma fe nawr yn ei hystafell wely hi, yn sipian sudd oren ac yn gwrando ar gerddoriaeth.

Yn sydyn, fe'i hysgydwyd ef o'i fyfyrdodau gan eiriau Ffion.

'Fydd hi yma cyn bo hir. Mewn rhyw bum munud.'

Methodd Dafydd ag ymateb. Baglodd dros ei eiriau.

'O dere, Dafydd. Dwi'n gwybod pam fod cymaint o ddiddordeb gyda ti yn y Gymdeithas ar y funud.'

'Beth wyt ti'n meddwl?'

'Dim ond bod Angharad yn ferch anhygoel o ddel a bod dy lyged di bron â popo mas bob tro rwyt ti'n edrych arni.'

'Ydy e mor amlwg â hynny?'

'Dwi'n credu eich bod chi'n siwtio'ch gilydd. A dwi'n rhyw amau ei bod *hi'n* dy ffansïo *di*.'

Clywyd sŵn y drws ffrynt yn cael ei agor a llais mam Ffion yn cyfarwyddo Angharad i fyny'r grisiau. Roedd Angharad wedi cyffroi. Camodd i mewn i'r ystafell ac aeth yn syth at y ffenest.

'Gredwch chi byth, ond dwi'n credu bod yna ddau berson yn gwylio'r tŷ yma.'

Edrychodd Dafydd a Ffion ar ei gilydd.

Wrth i'r tri ruthro at ffenest y landin, esboniodd Angharad wrthynt am y dyn bach a eisteddai mewn hen gar Beatle gwyrdd a oedd wedi parcio gyferbyn â'r tŷ, rhyw ugain llath i lawr y stryd. Roedd hi'n amlwg i Angharad fod y gŵr yn syllu ar y tŷ. Aeth Angharad yn ei blaen i ddweud ei bod wedi oedi tipyn wrth gerdded heibio i'r car. Credai mai dyn byr oedd y gyrrwr, ond ei fod yn amlwg yn cadw golwg ar y tŷ.

Roedd lorri uchel wedi parcio o'i flaen a bachgen yn eistedd ar feic modur. Roedd hwnnw hefyd fel petai'n syllu ar y tŷ ac roedd yn defnyddio'i ffôn symudol.

Dechreuodd y ddau wrandäwr ysgwyd eu pennau gan awgrymu bod Angharad yn *paranoid* ar ôl digwyddiadau'r noson cynt.

'Ond beth os mai ditectifs ydyn nhw? A'u bod yn gwybod mai ni sy'n gyfrifol am osod y posteri? Efallai eu bod yn credu ein bod ni'n derfysgwyr ac yn cofnodi'n symudiadau.'

'Go brin fod yna dditectif ar feic modur. Efallai mai bachgen ifanc wedi rhedeg mas o betrol yw e,' awgrymodd Ffion. Yna ychwanegodd yn siriol, 'Dwi'n gwybod. Beth am roi prawf ar y peth?'

Edrychodd Dafydd ac Angharad yn syn ar Ffion.

'Fe gei di redeg adre, ac fe wnawn ni dy ddilyn.'

'Sut ydych chi'ch dwy'n mynd i fy nilyn?' holodd Dafydd.

'Bydd chwaer Angharad yma mewn hanner awr yn ei Mini. Os gwelwn ni dy fod yn cael dy ddilyn, fe wnawn ni dy godi gan ddangos iddynt ein bod ni'n glyfrach na nhw.'

* * *

Edrychodd Marek yn syn ar Lubos. Gwrandawodd y ddau'n astud am eiliad cyn brasgamu i'r ystafell lle'r oedd eu gwystlon.

Clywyd sŵn clindarddach. Pethau'n cael eu taflu. Gwydr yn torri. Sgrechiai Siân ar dop ei llais a gallent glywed Luke yn pledio arni i stopio.

'Cadwa dy ddwylo brwnt oddi arna i, y diawl! Pwy wyt ti'n meddwl wyt ti'r hen fochyn!'

Wrth i Marek agor y drws, gwelodd fod yr ystafell yn chwilfriw.

'Stop!' gwaeddodd Marek gan gamu at Siân i'w rhwystro rhag taflu'r fasged sbwriel fach.

Yr eiliad honno, cododd Luke y drâr pren i'r awyr. Ond wrth iddo geisio daro pen Marek, oedd â'i gefn tuag ato, fe'i hyrddiwyd i'r ochr gan Lubos. Clywyd gwaedd o boen gan Marek wrth i gornel y drâr pren daro'i benglog, ond roedd Lubos wedi rhwystro'r ergyd rhag taro'r nod.

Yn rhyfedd, teimlai Luke lif o egni yn tonni drwy'i gorff wrth iddo ymdrechu i godi o'r llawr. Wrth i Lubos geisio cael gafael yn arddyrnau Luke, taflodd Luke belten i wyneb y llanc. Glaniodd yr ergyd yn ei lygad gan dorri'r croen. Gwylltiodd Lubos wrth weld y dafnau gwaed yn disgyn. Gwthiwyd Lubos i ffwrdd gan Luke a chyn pen eiliad roedd y ddau'n dyrnu'i gilydd yn ffyrnig. Er bod Lubos yn llawer mwy heini a gwydn na Luke, synnodd o weld cyflymder a phŵer symudiadau Luke.

Wrth i Luke daflu ergyd chwith at Lubos, daliwyd ei arddwrn a chafodd ei dynnu a'i droi tu ôl i'w gefn nes bod Luke yn gwingo mewn poen. Teimlai Luke gyhyrau'r ysgwydd yn cael eu rhwygo wrth i Lubos dalu'r pwyth. Ceisiodd sefyll ar flaenau'i draed ond fe'i gwthiwyd yn giaidd, gan hyrddio'i wyneb yn gyntaf i mewn i'r wal.

Gafaelai Marek yn y fasged sbwriel mewn un llaw

ac arddwrn Siân yn y llall. Wrth iddo edrych draw ar y ffrwgwd, dyma Siân yn gweld ei chyfle. Anelodd gic galed rhwng coesau Marek. Suddodd hwnnw fel doli glwt ar ei gwrcwd gydag ochenaid boenus. Rhuthrodd Siân am y drws agored. Rhedodd ar hyd y landin ac i lawr y grisiau gan anelu am y drws oedd ym mhen pellaf y cyntedd cul.

* * *

Roedd strydoedd tai mawr Casnewydd yn medru bod yn dawel iawn ar bnawn Sadwrn. Meddyliai Dafydd fod pobl naill ai'n siopa, yn gwylio'r teledu neu yn y gampfa. Rhedodd lan y bryncyn ar hyd y palmant coediog a'r ddinas yn ymddangos o'i flaen – y bont enwog a'r afon Wysg, ac ochr arall y dref. Cyn bo hir byddai'n troi i'r dde i lawr y rhiw. Byddai'n cymryd chwarter awr iddo gyrraedd adref.

Yn sydyn, daeth yn ymwybodol o sŵn beic modur yn agosáu. Oedd y peiriant wedi bod yn y pellter ers cryn amser? Wrth iddo agosáu at y tro yn yr heol, cryfhaodd sŵn y beic modur. Sylweddolodd Dafydd nad un beic oedd yno ond dau. Roedd sŵn y peiriannau'n gwneud Dafydd yn fwyfwy amheus.

Synhwyrai Dafydd fod y beiciau ar fin ei oddiweddyd. Edrychodd dros ei ysgwydd. Cafodd gip ar y beicwyr a'u helmedau du. Ai sŵn y beic yma a glywodd wrth i un o'r lladron ddianc o Hafan y Glyn y noson o'r blaen? Teimlodd Dafydd ei galon yn curo'n galetach. Llifai'r egni a'r cyffro fel rhaeadr drwy'i gorff. Roedden nhw ar ei ôl ef! Cyn iddo fedru cyflymu'i gam, roedd un o'r beiciau'n rhuo wrth ei ymyl a rhywbeth yn disgyn amdano. Rhwystrwyd ei freichiau. Sylweddolodd Dafydd fod rhwyd wedi cael ei thaflu dros ei ben ac wedi disgyn dros ei freichiau.

Disgynnodd Dafydd i'r llawr gan grafu a sgathru'i ddwy benelin ar y palmant garw. Ceisiodd godi ar ei bennau gliniau. Roedd y ddau feiciwr wedi stopio'n sydyn. Cerddent yn frysiog tuag ato. Tynnodd un ei helmed. Gwyddai Dafydd yn syth pwy ydoedd. Y llanc tywyll ei groen a dorrodd i mewn i Hafan y Glyn. Ymbalfalodd Dafydd yng ngwaelod y rhwyd, ond roedd Gari eisoes wedi cael gafael ynddi ac yn ei thynnu'n dynn.

Lledodd gwên ar draws ei wyneb. 'Mae sgôr fach 'da ni i'w setlo,' meddai. Trodd at ei gyd-feiciwr gan weiddi arno. 'Yn does, Nathan?'

Gwyddai Dafydd mai Nathan oedd y llanc tal, tenau, danheddog a dderbyniodd y bat criced yn ei wyneb. Ceisiodd Dafydd godi oddi ar ei bennau gliniau.

'Mae arna i hon i ti!' Clywodd Dafydd lais aneglur o'r tu ôl i'r helmed ddu. Doedd dim a fedrai ei wneud i osgoi'r gic galed i'w asennau.

Teimlodd Dafydd ei hun yn cael ei godi ar ei draed gan Gari. Cyn iddo sylweddoli'n iawn beth oedd yn digwydd, roedd yr helmed ddu ar fin ei daro yn ei wyneb. Symudodd yn gyflym i'r chwith gan dynnu Gari gydag ef ac ar draws Nathan. Cwympodd y tri ar draws ei gilydd.

'Beth wyt ti'n wneud, y ffŵl?' gwaeddodd Gari ar Nathan.

Roedd gwaelod y rhwyd wedi llacio a llwyddodd Dafydd i'w chodi dros ei ysgwyddau. Wrth i Dafydd rolio oddi wrth y ddau ar y palmant, taflodd y rhwyd dros Gari. Roedd dwylo hwnnw'n brysur yn ceisio'i dadwneud. Gwelodd Dafydd fod Nathan yn cadw golwg ar y sefyllfa o'r tu ôl i'w helmed ddu. Tynnodd gyllell allan o'i siaced ledr a dechrau torri'r rhaff.

'Hei, beth y'ch chi'n neud?' Clywodd Dafydd lais cras, dwfn yn gweiddi o'r tu ôl iddo. Roedd BMW mawr du wedi aros wrth ochr y palmant a gŵr canol oed cydnerth a edrychai'n ddigon mileinig yn cerdded tuag atynt.

Sylweddolodd Dafydd yr eiliad honno mai pwrpas yr ymosodiad oedd ei herwgipio. Roedd yn rhaid iddo ddianc – a dianc yn gyflym. Gwelodd y ddau feic. Roedden nhw'n dal i chwyrnu yn eu hunfan. Rhedodd at un ohonynt, cicio'r stand, troi'r sbardun, a bant ag ef fel mellten.

Boddwyd y fonllef y tu ôl iddo. Ni edrychodd Dafydd dros ei ysgwydd. Gwyddai y byddai un beic yn ei ddilyn, ac efallai'r BMW hefyd.

Rhuthrai'r gwynt drwy'i wallt. Teimlai fel Steve McQueen yn y *Great Escape*. Ond nid beic pŵcrus oedd hwn ond beic 125cc. Dim ond unwaith o'r blaen roedd Dafydd wedi eistedd ar gefn beic modur, a doedd e erioed wedi cael gyrru un ei hun. A nawr roedd yn ceisio cael y gorau o'r peiriant.

Y tu ôl iddo, roedd Nathan yn gwibio a'i feic yn

sgrechian. Plygai ei ben ymlaen ychydig. Pe bai rhywun wedi medru gweld ei wyneb, byddai wedi gweld gwylltineb a dicter. Roedd y bwlch rhyngddo ef a'i brae yn cau.

O flaen y ddau roedd yna gylchfan lle ymunai tair heol. Edrychodd Dafydd i weld a oedd rhywbeth yn dod o'r dde neu'r chwith fel na fyddai'n gorfod arafu. Gan na welai gar ar yr ochr chwith iddo, torrodd yn syth i'r ochr dde heb fynd o gwmpas y gylchfan o gwbl. Chwarddodd Dafydd wrth brofi'r wefr o fynd o gwmpas cylchfan y ffordd anghywir. Breciodd Nathan yn sydyn gan ei fod bron â chau'r bwlch, a cheisio troi. Ond roedd ei gyflymdra'n ormod. Llithrodd olwyn ôl y beic a diflannodd y beic o dan y gyrrwr. Sgrialodd Nathan ar ei ben-ôl a'i gefn dros y twmpath yng nghanol y gylchfan, cyn hedfan yn ddiseremoni i mewn i'r ffens gyferbyn.

Wrth deithio tuag at gylchfan fawr High Cross, mentrodd Dafydd edrych dros ei ysgwydd am y tro cyntaf. Doedd neb yn ei ddilyn! Arafodd y beic a stopio. Aeth sawl cerbyd heibio iddo. Yna, gwelodd gar Mini coch ac ynddo roedd tri wyneb disgwylgar a phryderus yn syllu i bob man. Camodd Dafydd i'r ffordd er mwyn iddynt fedru ei weld. Lledodd gwên ar draws wynebau Ffion ac Angharad.

Ymunodd Dafydd â hwy yn y car, gan adael y beic wrth ymyl y ffordd. Roedd y croeso'n gynnes. Gwthiodd i'r sedd gefn at Angharad ac fe afaelodd hithau'n ei law yn dynn. Syllodd i'w lygaid wrth ofyn cwestiynau iddo. Yn araf, teimlodd Dafydd ei hun yn ymlacio. Dyna pryd y dechreuodd deimlo'r cleisiau. Un ar ei foch, un arall ar ochr ei ben a'r llall yn ei asennau. Ond doedd fawr o wahaniaeth ganddo – roedd Angharad wrth ei ochr. Teimlai fel James Bond ei hun. Cododd ei llaw at ei wefusau a rhoi sws iddi.

'Rhaid i ni fynd at yr heddlu'n syth!' cyhoeddodd Llinos, chwaer Angharad.

'Na! Fedrwn ni ddim! Dwi wedi dwyn beic modur a gyrru heb drwydded. Ac mae yna ddyn mewn BMW wedi gweld y cyfan. Wn i ddim pwy yw e. Ond dwi ddim yn credu ei fod e ar fy ochr i!' esboniodd Dafydd.

'Mae'n rhaid i Dafydd fynd adre'n syth neu fe fydd mewn mwy o drafferth gyda'i rieni,' ychwanegodd Angharad.

Rholiodd Llinos ei llygaid.

'Ac mae yna fag gyda'r heddlu a allai fy rhoi i mewn dŵr poeth.'

'Mae Dafydd yn hoffi cario bag ti'n gweld, Llinos,' meddai Ffion gan agor ei llygaid yn fawr.

'Rhyngoch chi a'ch pethau, felly,' meddai Llinos gan ysgwyd ei phen mewn anobaith. 'Ond fe ddyweden i fod pethau wedi mynd yn llawer rhy bell!'

Gwasgodd Angharad law Dafydd gan wenu arno'n gynnes.

* * *

Ymbalfalodd Siân yn wyllt yng nghlo'r drws. Ceisiodd ei agor. Ceisiodd godi'r botwm ar y clo i ryddhau'r gliced.

'Paid! Neu fe fyddi di'n difaru.'

Roedd y llais yn oer a bygythiol – llais yn cyhoeddi ffaith. Dim gwylltineb. Dim brys na phanig. Trodd Siân a gweld Merhoff yn anelu gwn ati. Rhewodd Siân yn ei hunfan. Gwelwodd ac ysgwyd ei phen mewn anobaith. Dechreuodd ei gwefus isaf grynu a llifodd deigryn i lawr ei boch chwith.

13

Ymweliad â'r prifathro

'Mae'r prifathro'n barod i'ch gweld chi nawr,' cyhoeddodd yr ysgrifenyddes.

Arweiniwyd y tri i mewn i'w swyddfa – Dafydd yn dilyn ei dad, a'i fam ar y blaen.

Ystafell hirgul oedd hi, gyda desg y prifathro o dan y ffenest a dwy ddesg wedi eu gosod at ei gilydd o'i blaen er mwyn ffurfio bwrdd swyddogol iawn yr olwg. Hon oedd ystafell Samuel Jones, neu Sam Tân fel y'i hadnabyddir gan y disgyblion, yn eironig oherwydd ei allu i dawelu a diffodd pob tân.

'Eisteddwch,' gwahoddodd y prifathro.

Roedd hi'n amlwg bod Samuel Jones yn teimlo'n fwy anghysurus nag arfer gan ei fod wedi dechrau peswch a chlirio'i wddf yn barhaus. Roedd yn hen gyfarwydd â chwrdd â rhieni rabsgaliwns diegwyddor a garw'r ysgol. Wrth weld y rhieni hynny o'i flaen, gwyddai pam fod y plant mor anystywallt. Pobl y dafarn a'r bingo oedden nhw, yn gasglwyr tatŵs a darllenwyr y *Sun*, heb fawr o drefn yn eu cartrefi na rheolaeth ar eu plant. Ac roedden nhw wedi meddwl y byddai ysgol Gymraeg yn cynnig dihangfa iddyn nhw – yn medru trawsnewid eu plant. Roedden nhw'n anghywir. Dylanwadai'r plant ar yr ysgol – yn mynnu sylw ac egni'r holl athrawon, yn lladd ysbryd ei staff ac yn gostwng y safonau.

Ond roedd Dafydd Morgan yn wahanol. Deuai o deulu proffesiynol, uchelgeisiol a llwyddiannus. Teimlai bresenoldeb y fam o'i flaen. Eisteddai'n gefnsyth gan syllu i fyw ei lygaid, ond gwyddai ei bod hithau, fel pob rhiant a ddeuai i'w swyddfa, wedi cael siom. Roedd hi yma o'i flaen fel un o ddinasyddion Rhufain gynt o flaen Cesar. Yma i ymddiheuro ac i ofyn am faddeuant ar ran ei mab. Yma i fynegi ei siom a'i phryder. Yma i dderbyn y ddedfryd. Tybiai Samuel Jones y byddai Dafydd, un o'r plant mwyaf galluog yn ei flwyddyn yn ôl y sôn, yn mynegi'i edifeirwch. Byddai, mae'n siŵr, wedi cael pryd o dafod gan ei rieni ac wedi callio.

Un broblem fach oedd wedi cael ei dwyn i sylw'r prifathro oedd y ffaith fod Rob Huws, pennaeth yr Adran Chwaraeon, wedi mynnu bod Dafydd yn cael cyfle i chwarae rygbi bnawn Mercher i dîm ysgolion Gwent. Teimlai Samuel y dylai Dafydd gael ei ddiarddel am dri diwrnod ac ysgrifennu llythyr o ymddiheuriad i ysgol San Cadog. Yna fe allai popeth gael ei anghofio. Damia Huws Adran Chwaraeon, meddyliodd Samuel. Roedd llawer gormod o bwyslais yn cael ei roi ar rygbi. Yn sicr, teimlai na ddylai Dafydd Morgan gael chwarae rygbi i dîm yr ysgol am weddill y tymor hwn.

Dechreuodd Samuel ar ei bregeth.

'Rydym wedi cael cymaint o sioc a siom yn dilyn yr hyn a ddigwyddodd. Roedd gweithred Dafydd yn gwbl annerbyniol. Mae disgyblion, rhieni ac athrawon ysgol San Cadog wedi mynegi eu cwynion yn gryf.

Mae rheoli tymer yn hollbwysig. Pe bai pawb yn gadael i'w teimladau gael y gorau arnyn nhw, fydde'r byd yma ddim yn ddiogel i neb fyw ynddo. Prin bod angen i mi ddweud ein bod ni'n ceisio'n gorau i feithrin oedolion ifanc, cyfrifol a dibynadwy. Os yw Dafydd yn cael ei effeithio gan y gêm fel hyn, mae'n amlwg na ddylai gael chwarae. Dydw i ddim yn credu bod rygbi, na'r un gamp gystadleuol arall, o unrhyw werth os ydyn nhw'n meithrin agweddau treisiol, anghyfrifol, a gweithredoedd sy'n peri loes i eraill.'

Syrthiodd tawelwch fel blanced drom dros yr ystafell. Fel arfer, byddai rhieni'n ymateb yn syth – naill ai'n anghytuno neu'n cychwyn ceryddu'r plentyn. Trodd Gwenno Morgan at ei mab.

'Wel?' holodd.

Gwyddai Dafydd fod ei gyfle wedi dod. Gwyddai hefyd fod pnawn Mercher, a'r cyfle i chwarae dros ysgolion Casnewydd a'r cylch yn y fantol. Roedd hi'n amlwg na theimlai Sam Tân y dylai gael y fraint na'r cyfle i chwarae dros ei sir. Mwy na thebyg bod Sam Tân wedi gwneud ei benderfyniad yn barod. Ond atgoffodd Dafydd ei hun nad oedd yr un ymrafael wedi'i golli tan y chwiban olaf. Dyma ei gyfle i geisio lliniaru rhywfaint ar ei gosb a'r sefyllfa.

'Rwy'n cytuno gyda'ch geiriau, Mr Jones. Roedd f'ymddygiad yn gwbl annerbyniol. Fel arfer, dwi'n cŵl, ac yn ystyried teimladau pobl eraill. Rwy'n ymddiheuro ac yn addo na ddigwyddith dim byd o'r fath byth eto.' Byddai ymddiheuriad o'r fath yn siŵr o blesio Sam Tan a'i rieni, meddyliodd Dafydd. Yn awr, câi gyfle i ennill peth tir yn ôl. 'Ond dwi'n gwybod pam wnes i wylltio cymaint. Er nad yw ceisio esbonio pam y gwnes i hyn yn cyfiawnhau f'ymddygiad, mae'n dangos fy mod i'n berson call a dibynadwy.'

Gwyddai Dafydd fod pawb yn gwrando'n ddwys. Roedd yn falch ei fod wedi paratoi ei eiriau, ac wedi bod wrthi'n eu caboli a'u hymarfer.

'Rwy wedi cael fy meithrin gan fy rhieni ac ysgol sy'n gosod safonau uchel i roi fy ngorau ac i anelu at gyrraedd y brig. Rydych chi, Mr Jones, wedi dweud yn eich gwasanaethau cofiadwy, fwy nag unwaith, "Pa beth ymafler dy law ynddo, gwna â'th holl ewyllys." Fe glywes i'r geiriau yna gyda chi. Fe ddysges i nhw, a'u derbyn fel athroniaeth effeithiol, synhwyrol. Felly pan dwi'n mynd ati i astudio testun neu bwnc, pan dwi'n ymarfer corff neu'n chwarae rygbi, dwi'n mynd amdani. Does dim pwrpas gwneud unrhyw beth os nad ydw i'n rhoi corff ac enaid i'r peth. Pe bai cwestiynau yn yr arholiadau TGAU am lyfrau neu destunau sydd ddim ar y maes llafur, fe fyddai'r ysgol a'r athrawon yn cwyno, yn protestio. Wel mae'r sefyllfa yr un fath gyda rygbi. Mae yna set o reolau, ac rydym yn cadw at y rheolau. Mae rygbi'n bwysig iawn yn fy mywyd i. I mi, mae'r gêm yn gofyn am nifer o sgiliau cyflawn – cyflymder, cryfder, techneg, dewrder, dyfeisgarwch, dycnwch a gwybodaeth drylwyr o'r rheolau. Nid gêm y *thug* yw hi ar y lefel uchaf ond brwydr sy'n cael ei hennill gan y meddyliau mwya cyflym a chraff.

'Roedd agenda gudd gan San Cadog. Nid yn unig gan y tîm ond gan eu hyfforddwyr hefyd. Roedd hi'n amlwg fod penderfyniad wedi cael ei wneud cyn y gêm i mi gael fy anfon bant o'r cae, fel y byddai mwy o gyfle i'w maswr nhw gael ei ddewis i dîm y sir. Eu hathro nhw oedd y dyfarnwr. Roedd hynny'n beth od ac annheg. Ac roedd y sylwadau ges i wrth gerdded oddi ar y cae gan oedolion – yn wir, athrawon o'u hysgol, yn gwbl annerbyniol. Er hyn, nid yw'n cyfiawnhau yr hyn wnes i.'

Edrychodd Dafydd o'i gwmpas. Sylwodd fod ei dad yn gegagored fel y byddai pan yr oedd yn gwrando ac yn meddwl yn ddwys. Rhythai ei fam arno a thybiai ei bod yn tynhau ei gwefusau. Tybed a oedd ei berfformiad wedi'i phlesio?

Teimlai Dafydd ei fod wedi siarad yn foddhaol. Doedd dim angen iddo ddweud wrth Sam Tân y byddai'n deall pe bai'n cael ei wahardd rhag chwarae ddydd Mercher. Byddai hynny'n ormod o grafu. Ond gwyddai ei fod wedi hau hedyn o amheuaeth ym meddwl Sam Tân fod gan San Cadog gynllun dan din.

Gwelai Samuel Jones Dr Rhisiart Morgan yn syllu'n ddwys ar ei fab. Roedd rhyw olwg ymholgar ar wyneb Gwenno Morgan. Teimlodd Sam Jones rhyw dyndra. Dechreuodd beswch unwaith eto wrth i'w nerfusrwydd grafu yng ngwaelod ei lwnc. Doedd rhieni Dafydd ddim wedi dangos ar ba ochr oedden nhw o gwbl.

'Mae'n bwysig cadw'ch urddas a'ch enw da. Gwendid yw colli tymer, a gwendid o'r mwyaf yw haerllugrwydd. Mae'r cyfan yn annodweddiadol o gymeriad Dafydd. Rydyn ni i gyd wedi cael sioc. Mae un peth yn sicr, chaiff Dafydd ddim chwarae i dîm yr ysgol am weddill y tymor hwn.'

Gwelodd y prifathro wyneb Dafydd yn gwelwi. Oedd, roedd ef fel prifathro yn cael pleser o weld y bachgen hwn a'i deulu'n dechrau gwingo. Yn awr câi fynd ymlaen â'i bregeth.

'Rydych chi wedi siarad yn arbennig o ddoeth a chall. Mae'n bleser clywed disgybl yn mynegi'i hun fel hyn. Ond er eich huodledd, Dafydd Morgan, does gen i ddim dewis ond eich trin chi fel pob disgybl arall yn yr ysol hon drwy eich gwahardd am dridiau am y fath ymddygiad. Dwi am i chi, Dafydd, ysgrifennu llythyr o ymddiheuriad i brifathro San Cadog a'r rhieni. Fe gewch chi ddod yn ôl i'r ysgol ddydd Iau.'

Gwelai Samuel y ddau riant yn amneidio mewn cytundeb a golwg ddiemosiwn ar wyneb Dafydd.

'Wrth gwrs, Mr Jones,' cytunodd Gwenno Morgan.

'Beth am ddydd Mercher a'r gêm sy'n Rodney Parade?' holodd Dr Rhisiart Morgan. 'Dwi'n siŵr fod Dafydd yn awyddus i wybod a yw e'n cael chwarae?'

Rhyfeddodd Dafydd at ei dad. Doedd e ddim wedi sylweddoli bod ganddo unrhyw ddiddordeb na chof ei fod yn chwarae bnawn Mercher.

'Gan nad yw'r gêm yn cael ei chwarae ar dir yr ysgol, ac na fydd Dafydd yn gwisgo lliwiau'r ysgol, o'm safbwynt i, fe gaiff chwarae bnawn Mercher.'

Trodd Sam Jones ei olygon at Dafydd. 'Ti dy hunan fydd yn gorfod wynebu'r cyd-chwaraewyr. Mae lle gyda chi i ddiolch i Mr Rob Huws yr athro chwaraeon am hyn.' Cododd y prifathro i arwyddo bod y cyfarfod drosodd ac fe ysgydwodd law â'r rhieni.

Roedd Dafydd wedi cael sioc. Roedd yr ymweliad â swyddfa'r prifathro i glywed newyddion drwg ei ddiarddeliad wedi troi'n newyddion o lawenydd. Roedd y prifathro wedi dweud ei fod yn y garfan ddydd Mercher. Ceisiodd guddio'r bodlonrwydd oddi ar ei wyneb. Cyhoeddodd Sam Tân mewn llais difrifol,

'Diolch i chi am ddod fel teulu. Gobeithio na fydd sefyllfa fel hon yn codi eto.'

Siaradodd Gwenno am yr eildro.

'Gallaf eich sicrhau na fydd dim byd tebyg yn digwydd eto.'

Gadawodd y tri ystafell y prifathro. Yno'n sefyllian yn y swyddfa â ffôn wrth ei glust ac yn gwisgo crys rygbi'r Dreigiau, roedd Rob Huws. Pwyntiodd ei fys at Dafydd ac meddai'r gŵr ifanc, cydnerth gyda'r gwallt pigog, golau,

'Tri o'r gloch, ddydd Mercher, Rodney Parade. Ti'n whare!'

14

Pnawn Llun

Rhedai'r chwys yn nentydd bach i lawr wyneb Dafydd. Syllodd ar ei hun yn y drych hirgul yn y garej. Cododd y pwysau ugain kilogram uwch ei ben unwaith eto. Set o ugain. 'Un deg saith,' sgyrnygodd, a dychmygu'i hun yn bylchu o'i linell ddwy ar hugain ar y cae rygbi. 'Deunaw,' galwodd yn gryg. Gwelai'r cefnwr yn awr yn dod ar letraws amdano. 'Un deg naw,' gwichiodd ei lais. Dychmygodd yr ochrgamu sydyn i'r dde. 'Ugain!' sgrechiodd. Doedd neb yn mynd i'w ddal a'i rwystro rhag plymio dros y llinell gais. Teimlai gynnwrf yn ei galon. Roedd croen gŵydd ar ei war a chyffro yn ei fol. Oedd, roedd yn edrych ymlaen at y gêm.

Glynai ei grys-T coch wrth ei gorff, a theimlai'i gyhyrau'n chwyddo a'r gwaed yn drybowndian drwyddyn nhw. Sychodd y gwlybaniaeth hallt oddi ar ei wegil er y câi drafferth i godi'r lliain i fyny. Clywodd sŵn lleisiau a drws ffrynt y tŷ yn cael ei gau.

Un cip sydyn drwy'r ffenest, ac fe rewodd Dafydd yn ei unfan. Yno, wedi'i barcio y tu allan i'r tŷ, yr oedd BMW X3 du, sgleiniog. Ai hwn oedd y car wnaeth stopio adeg yr ymosodiad? Syllodd ar y grachen fach hir ar ei fraich. Penderfynodd fynd i glustfeinio.

Ymhen ychydig eiliadau, safai Dafydd yn y cyntedd

eang y tu fas i ddrws y stydi. Doedd y drws ddim wedi cael ei gau. Gallai glywed y sgwrs yn weddol dda. Neidiodd ei galon wrth iddo glywed y difrifoldeb yn llais ei dad.

'Dydw i ddim yn mynd i fradychu fy mhroffesiwn. Gwella pobl yw nod ac amcan fy ngwaith i, nid gwneud arian i dwyllwyr a phobl farus, amheus.'

'Amheus? Rydyn ni'n fodlon talu.'

'Rydych yn bygwth!' cyfarthodd Dr Morgan. 'Fe dorrodd rhywun i mewn i'n tŷ ni.'

'Doedd hynny'n ddim byd i'w wneud â mi,' oedd ymateb y dieithryn. 'Gwrandewch, Dr Morgan. Mae'r hyn rydych chi'n ei ddatblygu yn gyffur sy'n galluogi'r corff i drwsio'i hunan. Fel y dywedoch chi mewn cynhadledd yn Bern, nid defnyddio cyffuriau i adeiladu, ond i sbarduno gallu'r corff ydych chi . . .'

'Ar gyfer pwrpas meddygol . . .' cododd Dr Morgan ei lais.

'Pa bynnag bwrpas, mae'r corff yn cael cyfle i'w gryfhau ei hun, a hynny ar raddfa llawer llawer cyflymach nag arfer. Hoffwn eich llongyfarch. Mae'ch gwaith yn haeddu clod, ac yn haeddu cael ei wobrwyo.'

'Dydy e ddim wedi'i gwblhau eto! Dydyn ni ddim yn sicr o sgil effeithiau'r tymor hir.'

'Mae'n ymddangos i ni fel bod eich profion yn rhai llwyddiannus. Mae ein cwmni ni'n awyddus i gael manylion eich arbrofion, a'ch ymchwil.'

'Dydyn nhw ddim ar werth. Er budd datblygiadau meddygol yr ydw i'n gwneud y gwaith yma, nid er mwyn creu cewri annaturiol ar feysydd chwaraeon.'

Roedd Dr Morgan wedi codi'i lais. Gwyddai Dafydd fod bochau'i dad yn goch, a'i wefusau'n dynn ac yn denau wrth iddo ddechrau gwylltio. Synhwyrai Dafydd fod ei dad wedi codi ar ei draed ac yn anelu at ddrws y stydi. Camodd yn dawel ar flaenau'i draed i ffwrdd o'r drws, ond oedodd wrth glywed y tinc mileinig, oeraidd yn ymateb y dieithryn.

'Bydd hi'n bechod, Dr Morgan, i'ch enw gael ei lusgo drwy'r papurau fel un oedd yn barod i beryglu bywyd ei fab ei hun er mwyn cyflawni rhyw waith ymchwil digon . . . amheus? Ac nid yn unig ei fab ei hun, ond torri pob rheol drwy ddefnyddio bachgen ifanc oedd o dan yr oedran cyfreithlon.'

Gallai Dafydd synhwyro effaith y geiriau ar ei dad wrth i hwnnw deimlo'r rhwyd yn cau amdano. Sut ar y ddaear y gwyddai'r dieithryn yma gymaint?

'Gwyddonydd uchel ei barch yn peryglu bywyd ei fab,' cyhoeddodd yr ymwelydd yn goeglyd. 'Yn torri'r rheolau! Bydd y papurau newydd wrth eu bodd yn chwilota ac yn taflu amheuon ar gymelliadau Dr Morgan a'i adran.'

'Sut ydych . . . Sut ydych . . ?' anadlai Dr Morgan y geiriau'n deimladwy cyn dweud yn gyhuddgar, 'Rydych yn gweu gwe o gelwyddau.'

'Dr Morgan, mae gan bawb ei bris. Mae pawb eisiau byw yn y byd hwn. Rhowch chi'r fformwlâu a'r wybodaeth i mi. Fe gaiff yr adran dâl anrhydeddus. Tâl gan noddwr fydd yn caniatáu i chi ddatblygu a bwrw ymlaen â'ch prosiectau eraill. Mater o amser fydd hi – blwyddyn neu ddwy, os hynny – cyn y bydd yna brawf ar gyfer y cyffur hwn.'

'Ond byddwch chi wedi gwneud eich ffortiwn yn y cyfamser . . . a phobl wedi twyllo'u ffordd i fuddugoliaethau ar y meysydd chwarae.'

'Gwrandewch yn ofalus . . .'

Camodd Dafydd yn agosach at y drws unwaith eto, gan fod y dieithryn wedi gostwng ei lais.

'Os na wnewch chi gydymffurfio, neu os wnewch chi geisio mynd at yr heddlu, byddwn yn gweini cyffur fydd yn peri i gyrff dau o'ch treialwyr fethu'n llwyr. Ie, dau o'ch *guinea pigs*, Dr Morgan. Anghofiais i ddweud, yn do? Mewn lle saff, mae yna ddau'n cael eu cadw. Yn disgwyl. Yn disgwyl i chi ateb ein cais ni. Bydd yn farwolaeth boenus i'r ddau. Eu horganau'n methu'n raddol wrth i'r corff ymosod ar ei hunan, a'r tu mewn i gyd yn dechrau gwaedu. Dyna stori i'r wasg. Rydych chi'n cofio'r helbul a fu yn Ysbyty Northwick Park, Llundain? Dyw'r cwmni Parexel dal ddim yn gwybod sut wnaeth y cyffur achosi cymaint o niwed i'r chwech *guinea pig* dynol yna.'

'Blacmêl!' ebychodd Dr Morgan.

'Dydy cymdeithas – pobl, Dr Morgan – ddim yn hoffi gweld gwyddonwyr yn gwneud camgymeriadau! Achub bywyd yw'ch pwrpas chi, Dr Morgan. Byddai'n bechod cael dau gorff ar ddwylo'r adran. Fyddai'r MRHA yn eich gwahardd rhag treialu a gwneud unrhyw arbrofion meddygol am weddill eich bywyd.'

Pe bai Dafydd yn medru gweld ei dad, byddai wedi gweld gŵr wedi'i drechu. Roedd ei wyneb yn wag, ei lygaid yn bell a'i geg ar agor mewn sioc ac anobaith.

'Dwi'n deall eich bod i ffwrdd ar gwrs yfory. Dydd Mercher amdani, felly. Rhaid i chi fynd i mewn i'ch adran a chael manylion eich gwaith ymchwil – yn ddiffael. Dyma'r cerdyn. Cysylltwch.'

Erbyn i'r drws gael ei agor roedd y cyntedd yn wag, gyda phâr o lygaid crwt ifanc, pryderus yn syllu trwy gil drws y lolfa ar adlewyrchiad o'r dieithryn yn gadael yn nrych y cyntedd. Oedd. Roedd Dafydd wedi'i weld o'r blaen. Gwyddai mai hwn oedd y gŵr a stopiodd ei gerbyd pan ymosododd y ddau feiciwr arno. Cadarnhawyd ei ofnau. Roedd y BMW du wedi stopio ar ei gyfer ef. Yr oedd Dafydd i fod i gael ei daflu i mewn i'r BMW mawr! Dyma'r herwgipiwr! Corff sgwâr a phen moel. Siwt felynfrown a chrys agored. Mwclis aur a chorff cydnerth.

15

Nos Lun – ystafell wely Dafydd

Syllodd y ddwy arno'n gegagored. Roedd Dafydd wedi dweud y cyfan wrthyn nhw ac roedd yn teimlo'n llawer gwell. Yr arbrawf a gafodd ei dynnu i mewn iddo ar y funud olaf. Ei amheuaeth ei fod wedi cael y cyffur go iawn. Roedd y ddwy wedi chwerthin yn ddireolaeth wrth iddo ymateb i gais Ffion i ddangos ei gyhyrau. Tynnodd ei dop yn ddiseremoni gan sefyll fel cerflun o'u blaen. Meddyliodd ei fod wedi gweld fflach o edmygedd yn llygaid Angharad. Wrth gwrs, roedd Ffion wedi llwyddo i'w lorio unwaith eto gyda'i ffraethineb, 'Ai dyna'r unig gyhyrau sydd wedi tyfu?'

Roedd giglan y ddwy wedi ysgafnhau'r hanes. Aeth ymlaen i sôn am Stanislav, ymwelydd y pnawn, y bygythiadau, a'r gornel roedd ei dad ynddi, ynghyd â'r sgwrs gafodd y ddau wedi i Dafydd fynd at ei dad ar ôl i'r ymwelydd adael. Ni fanylodd am yr eiliadau o afael, y dagrau a'r sgwrs rhyngddo fe a'i dad, ond pwysleisiodd fod gwaith ymchwil ei dad yn bwysig ac arloesol.

Yna soniodd am yr ymwelydd diwedd y pnawn. Dafydd oedd wedi ateb y drws, gan nad oedd ei dad yn teimlo y gallai wynebu unrhyw un. Gohebydd o'r enw Iwan Huws oedd yno. Esboniodd hwnnw ei fod yn gweithio i'r *Mail* ac yn ymchwilio i arbrofion a threialon diweddara adran Dr Morgan. Yr oedd wedi gofyn am gael cyfweliad gyda'i dad. Gwrthododd Dafydd gan ddweud bod ei dad ddim yn teimlo'n dda – wedi gorweithio – ac y dylai drefnu cyfweliad drwy'r adran yn yr ysbyty. Roedd e ar fin cau'r drws pan saethodd y gohebydd gwestiwn arall ato a wnaeth iddo rewi yn ei unfan. 'Pam oeddech chi'n dringo allan o ffenest y llofft ddoe?' Dywedodd Dafydd iddo wylltio ychydig. Roedd hi'n amlwg bod y gohebydd wedi bod yn cadw llygad ar eu tŷ hwy. 'Meindiwch eich busnes,' oedd ymateb Dafydd. Ond cwestiwn olaf yr Iwan Huws yma oedd, 'Pam oedd Stanislav yma pnawn yma? Mae e'n cydweithio â Dr Eric Trolop – un sydd â'i fys mewn sawl drwg.'

Esboniodd Dafydd iddo gau'r drws yn wyneb Iwan Huws, ond i hwnnw weiddi y byddai 'nôl eto pan fyddai Dr Morgan yn well.

Ysgydwodd Ffion ei phen mewn anghrediniaeth.

'Beth ydych chi'n mynd i'w wneud?'

Syllai Angharad arno'n ddifrifol ac meddai, 'Dwi'n credu y dylech chi fynd at yr heddlu. Bydd llawer mwy o ddiddordeb ganddyn nhw mewn dal y Stanislav yma na gwneud ffws am dy ddefnyddio di . . .'

'Ond mae dau wedi cael eu herwgipio. Ac wrth feddwl 'nôl, gallwn i fod wedi cael fy nal hefyd. Mae'n glir nawr beth oedd y ddau yna, Nathan a Gari, yn ceisio'i wneud ddydd Sadwrn. Mae pobl yn ein gwylio ni. Un cam gwag, ac mae'r ddau sy ganddyn nhw'n barod yn ei chael hi!'

'Dim ond yfory sy gyda chi,' pwysleisiodd Angharad yn araf. Syllai ar wyneb difrifol Dafydd.

'Dim ond heddiw tan yfory. Dim ond yfory tan y ffair,' ychwanegodd Ffion.

Bu tawelwch wedyn yn yr ystafell wrth i'r tri feddwl am beth oedd canlyniadau posibl y sefyllfa. Ond mewn gwirionedd, gwyddai'r tri eu bod wedi cael eu curo. Byddai'n rhaid cyflwyno'r gwaith ymchwil i Stanislav.

'Beth mae dy fam yn ei ddweud?' gofynnodd Ffion. Chwarae teg iddi, meddyliodd Dafydd. Roedd Ffion yn ceisio dilyn pob llwybr, a throi pob carreg bosib cyn ildio.

'Mae Mam yn Llundain am ddeuddydd – Llys y Goron. Achos pwysig. Dyw hi ddim yn gwybod y cyfan. Ond mae'n amau'n gryf fod rhywbeth ar droed. Alla i ddim ei phoeni hi ar y funud.'

'Bechod,' meddai Angharad. 'Dafydd bach yn cael ei esgeuluso.'

Chwarddodd y ddwy'n ysgafn.

Gwyddai Dafydd fod yna un ffordd arall, sef yr unig ffordd effeithiol o amddiffyn ar faes rygbi – ymosod. Ond doedd ganddo ddim tîm na'r cymysgedd o sgiliau angenrheidiol – dim ond dwy o ferched.

A dyna pryd y gwawriodd y syniad a allai achub ei sefyllfa, ond a allai gostio'n ddrud iawn petai'n methu.

Adroddodd ei gynllun wrth y merched.

* * *

Neidiodd Dafydd ar ei feic Look 595 Ultra. Fel arfer, ni fyddai byth yn mentro ar ei feic rasio i ganol Casnewydd a hithau'n nosi. Ond roedd yn rhaid iddo greu argraff, ac roedd yn rhaid iddo fod yn gyflym. Efallai na fyddai'n medru dod o hyd i'r criw. Dim ond rhyw dri chwarter awr oedd ar ôl cyn y byddai'n dywyll. A chyda'r tywyllwch, roedd naws ac ysbryd y dre yn cael eu trawsnewid. Teimlai Dafydd fod pob twll a chornel yn magu rhwy elfen sinistr a bygythiol, yn enwedig ar ôl croesi'r afon.

Gwyddai mai camu i'r tywyllwch yr oedd e'n ei wneud. Bwrw coelbren fyddai Ffion wedi'i alw, mae'n siŵr, neu hapchwarae. Roedd ei gynllun yn un syml – dod o hyd i griw y beiciau modur, gwneud ei heddwch â nhw a gofyn am eu cymorth. Ond sut oedd ennill eu cyfeillgarwch a'u cydweithrediad? Doedd Dafydd ddim yn gwybod yn union, ond gadawodd i eiriau'i athro chwaraeon ei arwain am y tro:

'Croeswn ni'r bont yna pan ddown ni ati!'

Roedd ei dad wedi derbyn yr esgus fod Angharad wedi anghofio'i ffeil ysgol a bod yn rhaid iddo'i dychwelyd iddi. Nawr gwibiai Dafydd ar gefn ei feic i gyfeiriad adfeilion y castell. Doedd e ddim yn gwybod yn union ble i gael gafael yn y giang, felly anelodd am yr afon a'r castell.

Teimlai'n wych ar gefn y beic, ei goesau'n gyrru'n ddidrafferth, a'r tai'n gwibio heibio. Bron na theimlai fod y beic yn ei yrru ei hun, a gwnai'r awel yn ei wyneb iddo deimlo'n rhydd. Wrth i'r ffordd wyro am i lawr, cyflymodd y beic, a phrin y gosodai Dafydd bwysau ar y pedalau o gwbl. Roedd e wedi gwneud hyn droeon yn yr haf ar gefn ei BMX. Gallai Michael ac ef gyrraedd cyflymder ymhell dros dri deg milltir yr awr wrth wibio i lawr i Gasnewydd. Ond rhyw geffyl syrcas oedd y BMX o'i gymharu â'r beic hwn. Ie, meddyliodd Dafydd â hanner gwen. Ceffyl rasio pedigrî oedd dan ei ben-ôl heno – ceffyl cryf Grand National.

Gwelai fod goleuadau traffig ar yr heol o'i flaen a dau gar yn arafu wrth i'r golau oren ddisgleirio. Roedd Dafydd yn sicr y gallai amseru pethau i'r dim, a disgynnodd drwy'r gêrs cyn codi a rhedeg yn egnïol ar y pedalau. Llamodd ymlaen heibio i'r ceir, heibio i'r bolards, y twll a'r generadur melyn. Clywodd sŵn cyrn yn canu y tu ôl iddo, a golau'n fflachio o'i flaen, ond roedd e'n diflannu o'u golwg, ac yn eu gadael i gyd y tu ôl iddo yn dwrdio difrawder a dihidrwydd yr ifanc.

Y gylchfan fyddai nesaf, meddyliodd Dafydd. Byddai amseru'n hollbwysig unwaith eto. Oedd yn rhaid iddo fentro cymaint? Wedi'r cyfan, doedd dim rhaid iddo beryglu'i hunan. Ond roedd ei galon yn curo'n galed. Teimlai'n gryf, yn hapus a phenderfynol. Gwelai ambell gar yn mynd o gwmpas y gylchfan. Doedd dim arafu i fod. Gydag amseru a llywio deheuig, ymunodd â llwybr mewnol y gylchfan. Yna, un cipolwg sydyn dros ei ysgwydd, ac allan o'r gylchfan ar ras. Teimlai fel un o arweinwyr y Tour de France. Teimlai fel Lance Armstrong.

Llifai'r afon Wysg yn araf hamddenol. Doedd dim

golwg o'r criw ger y castell. Ond roedd dau fachgen yno wedi dweud mai criw y Pîl oedden nhw. Gwibiai Dafydd ar hyd Commercial Road. Yr oedd e bellach yn ardal yr hen ddociau. Cyn hir, byddai'n cyrraedd y parc diwydiannol. Yr oedd bellach yn seiclo'n hamddenol. Pe deuai ar eu traws, byddai angen iddo fod o gwmpas ei bethau. Wrth droi i mewn i Stryd Brunel, rhyfeddai at y bont gludo a ddyfeisiwyd gan y Ffrancwr, Ferdinand Arnodin. Ond gwyddai Dafydd mai R. H. Haynes oedd yn gyfrifol am y bont gludo. Defnyddio syniadau a chynlluniau'r Ffrancwr a wnaeth ef a'u haddasu at ei bwrpas ei hun. Cofiai'r wers yn yr ysgol gynradd gyda'r athrawes yn ceisio magu balchder yn y dosbarth a chael pawb i ryfeddu at uchder y bont. Tybed onid camp debyg roedd ei dad yn ceisio'i chyflawni gyda'i waith ef? Dyfeisio a wnâi ei dad – defnyddio gwybodaeth eraill, gan ychwanegu'i ddychymyg a'i bwerau dadansoddol i greu rhywbeth gwell, a hynny er mwyn hwyluso bywyd i lawer o bobl.

Torrwyd ar fyfyrdodau Dafydd gan sŵn gweiddi a beiciau modur. Gwelodd fod yna bum bachgen yn gwibio 'nôl ac ymlaen ar eu beiciau modur. Roedd hi'n amlwg eu bod yn rasio'i gilydd ac wedi troi'r tir diffaith yn drac rasio. Roedd y graean mân yn tasgu i bob man ac olion teiars fel creithiau ar y tir gwastraff.

Roedd eu beiciau'n llai na'r rhai 125cc arferol – yn rhai pwerus ac isel, yn ddelfrydol ar gyfer gwibio drwy strydoedd a lonydd cul. Gwyddai Dafydd nad oedd hi'n gyfreithlon iddynt yrru ar ffyrdd cyhoeddus, ond doedd y rhain ddim yn mynd i boeni am gyfraith na threfn. Roedd yn amlwg bod y criw wedi'i weld. Anelodd y beicwyr eu peiriannau at Dafydd gan stopio'n hanner cylch o'i gwmpas. Yn wir, roedd Dafydd yn uwch na nhw ar gefn ei feic ef.

Teimlai fod dau, os nad tri ohonynt, yn gyfarwydd iddo, er roedd hi'n anodd bod yn sicr gan y gwnâi top tracwisg neu hwdi i bawb edrych yr un fath. Camodd oddi ar ei feic.

'Hei, Pete. Hwn oedd y boi oedd yn chwarae rygbi ac . . .'

'Cau dy geg, Dexter!' ymatebodd Pete.

'Ti'n moyn ras?' crochlefodd llais o gyfeiriad y beic hynaf yr olwg.

'Ca dy geg, Jake! Hwn yw'r boi smacodd Jesyn drwy'r ffenest siop!' cyhoeddodd Pete, a ymddangosai fel arweinydd y criw. 'Dylen ni gicio dy ben di mewn nawr. Beth yw dy gêm di? Ydy'r cops rownd y gornel yn disgwyl i ni 'neud rhywbeth?'

'Gwrandewch, dwi'n flin am beth ddigwyddodd i Jason. Byddech chi wedi gwneud yr un peth. Doeddwn i ddim wedi bwriadu ei weld e'n hedfan drwy'r ffenest.'

Torrodd sŵn chwerthin ymhlith y giang wrth i'r arweinydd a'r lleill ddechrau ail-fyw'r ddrama fawr oedd yn amlwg wedi bod yn destun siarad yn eu plith.

'Odd e'n mega ffyni,' dechreuodd Pete adrodd yr hanes wrth ei gynulleidfa. 'Weles i fe'n smaco mewn i'r cyrb ac yn smasho drwy'r ffenest. Cyfle gwych i *smash and grab*! We hei! Bingo! Gawson ni *loads* o stwff. *Pay day* 'di cyrraedd! Ac odd y cops mor dwp, gollon ni nhw'n glou, ac fe fethon nhw â chael gafael ar Jesyn hefyd. Ond ma' Jes yn moyn lladd ti. *Mannequin man* ni'n galw fe nawr.'

'*Next* plîs,' gwaeddodd Dexter.

Dechreuodd pawb chwerthin. Teimlai Dafydd fod y Jason yma wedi colli'i hygrededd pan gollodd reolaeth ar ei feic, a'i fod bellach yn gocyn hitio i'r giang gyfan. Er bod Pete yn gwenu, ychwanegodd gan siglo'i ben ar yr un pryd, 'Pan welith Jesyn ti, ti'n rîli mynd i gal gwd *beating*.' Teimlai Dafydd fod mwynhad yn llygaid Pete wrth iddo ddychmygu'r grasfa a gâi. 'Be ti'n moyn? Ishe 'muno â'r giang?'

'Mewn ffordd,' atebodd Dafydd. 'Dros dro, beth bynnag.'

'Wel, chei di ddim! 'Sgen ti ddim *monkey bike*!' atebodd Pete.

'A 'tasai gen ti un, fyddet ti ddim yn gallu'i reidio, beth bynnag. Gormod o ofn,' ychwanegodd Tyronne, a refiai ei feic bob hyn a hyn.

Trodd Dafydd ato gan wenu. 'Gwranda, ddylet ti wisgo helmed. Elet ti'n glouach wedyn – gwell erodeinamics. Cadwa'r clustiau 'na 'nôl!'

Chwarddodd y pedwar beiciwr arall wrth weld wyneb syn Tyronne yn cochi. Roedd yn amlwg fod Dafydd wedi taro ar ei fan gwan drwy dynnu sylw at ei glustiau mawr oedd fel dolenni cwpan yr FA.

'Dylen i gico dy ben di mewn nawr!' ymatebodd Tyronne.

'Jôc,' meddai Dafydd. 'Dwi wedi gyrru beic modur

o'r blaen. Un llawer mwy pwerus na'r teganau yma. Rhoien i ras i chi.'

'Wel, chei di ddim cyffwrdd â meic i!' cyhoeddodd Pete yn syth. 'Ond dwi'n adnabod rhywun fyddai'n fodlon gwneud. Tyronne, benthycia'r olwynion 'na i Mr Hyderus fan hyn iddo fe gael gweld faint o sgìl sydd ei angen i fynd o gwmpas y cwrs yma.'

Er nad oedd Tyronne yn hapus, gwyddai nad oedd modd iddo wrthwynebu. Roedd yn awyddus i weld Pete yn gwneud ffŵl o'r bachgen yma. Ac roedd Pete, wedi'r cyfan, ar gefn ei feic newydd, sef ei Lifan Wacky 110.

Syllodd Pete yn fodlon ar Dafydd wrth iddo gamu ar gefn yr hen Lifan.

'Tair gwaith o gwmpas y cwrs. Gwylia'r rhwystrau. Ceisia ddal i fyny.'

Sgrialodd Pete i ffwrdd fel mellten, gyda'r graean yn tasgu y tu ôl iddo. Saethodd Jake ar ei ôl ar gefn ei Honda bach coch. Ymatebodd Dafydd yn reddfol gan blygu'i ben ymlaen. Ceisiodd gau'i gluniau'n dynn, ond roedd hwn mor wahanol i feic arferol. Roedd e'n llawer llai ac yn is. Cydbwysedd a breichiau oedd yn bwysig. Roedd y llawr mor agos ato.

Roedd y darn tir yn eang ac yn llawn geriach ac olion yr adeiladu a ddigwyddai yn yr ardal. JCB a dwy sgip, storfa o ddrymiau olew a thrawstiau pren, ynghyd â chefn lorri, lefelwr tarmac a phibau mawr.

Yr oedd bwlch wedi agor yn barod rhwng Dafydd a Pete. Wedi sgrialu rownd y gornel gyntaf, agorodd Dafydd y throtl a theimlodd riddfan yr injan oddi tano.

Gwelai fod Pete yn feistr ar ei beiriant a bod Jake yn ei ddilyn fel cynffon.

Teimlai Dafydd yr adrenalin yn llifo. Carai gyflymder – y storm o wynt yn ei glustiau a'r gwallt yn rhydd. Roedd yn rhaid iddo geisio dilyn a dynwared Pete bob cam o'r cwrs. Byddai llithro yn ôl a gadael y bwlch i fynd yn rhy fawr yn ei adael ar goll ar y cwrs. Iawn te, meddyliodd. *Showtime*!

Roedd y llwybr a ddilynwyd yn un troellog o gwmpas rhai o'r rhwystrau, cyn codi cyflymder ar hyd ambell lain. Gwelodd Dafydd fod Pete yn anelu at y pibau. Cododd y beic i'r awyr a hedfan fel gwennol gan lanio'n daclus. Esgynnodd Jake yr eiliad nesaf. Gwyddai Dafydd fod amseru'n hollbwysig. Cyflymodd at y ramp, cyn codi'r mymryn lleiaf wrth esgyn. Hedfanodd drwy'r awyr am ychydig eiliadau, cyn glanio'n ddigon destlus.

Doedd y bwlch ddim wedi mynd yn fwy. Gwelodd Jake yn rhoi cip dros ei ysgwydd. Yn sydyn, gadawodd Jake y llwybr gan fynd i'r dde o gwmpas y JCB. Penderfynodd Dafydd ddilyn Pete. Wedi iddo gylchu'r peiriant melyn, dyma Jake yn ailymddangos yn sydyn gan dorri ar draws llwybr Dafydd. Bu bron i Dafydd golli'i gydbwysedd.

Sgyrnygodd Dafydd wrth gael cip ar y wên fawr ar wyneb y rasiwr. Wrth edrych arno, bu bron i Dafydd daro whilber. Trodd yn chwyrn gan sgrialu i mewn i ddrifft o aer. Sythodd ei feic a phenderfynu anelu at drawst pren er mwyn neidio dros ddrwm olew oedd o'i flaen. Rhuthrodd ato cyn esgyn, gan deimlo cryndod y pren ar y metel. Glaniodd ychydig fodfeddi y tu ôl i Pete gyda'i beiriant yn cwyno.

Teimlai Dafydd ei fod wedi dofi'r Lifan bach. Fodd bynnag, sylweddolodd nad oedd modd iddo oddiweddyd Pete. Doedd gan y beic mo'r pŵer. Ac efallai na fyddai'n ddoeth iddo'i guro chwaith, ac yntau angen ei help.

Aeth y ras yn ei blaen gyda Dafydd yn cyflymu rhywfaint eto wrth iddo ymgyfarwyddo â'r tir a'r beic. Yn y diwedd, stopiodd Pete ger Tyronne a Dexter. Roedd Jake cryn bellter y tu ôl i Dafydd.

'Wel?' gofynnodd Dafydd.

'Ddim yn ddrwg am ddechreuwr,' oedd ymateb tawel Pete. 'Felly beth wyt ti eisie?'

Edrychodd Dafydd arno'n ddwys. 'Eich help. Mae angen dod o hyd i rai pobol arna i ac mae angen dod o hyd i gar arbennig.' Edrychodd o'i gwmpas ar y criw mewn ffordd ddramatig iawn gan ychwanegu, 'Ac mae angen creu bach o ddifrod a chymryd ambell un mas.'

'Pam ddylen ni dy helpu di?' holodd Pete.

'Fe alla i eich gwneud chi'n ddynion cryf,' atebodd Dafydd.

16

Twyllo

Parciodd Llinos y Mini'n gelfydd rhwng Volvo Estate glas a Mercedes arian ym maes parcio bach Ysbyty Brenhinol Gwent. Er bod Dafydd yn nerfus o feddwl am yr hyn oedd o'i flaen, roedd wedi'i chael hi'n anodd cadw'i lygaid oddi ar Angharad wrth iddyn nhw yrru i'r ysbyty. Eisteddai'r ddau yng nghefn y Mini. Roedd Angharad wedi eistedd yn agos ato a gallai Dafydd deimlo gwres ei chorff yn ei erbyn. Roedd arno awydd gafael ynddi, ei hanwesu a'i chusanu. Ond feiddiai o ddim gwneud hynny gan y byddai Llinos yn siŵr o wylltio. Gallai ei gweld yn nrych y gyrrwr yn syllu arnynt yn y cefn bob hyn a hyn. A wyddai e ddim chwaith sut y byddai Angharad yn ymateb. Dechreuodd Dafydd anadlu'n gyflymach. Beth oedd yn bod arno? Roedd e ar fin ceisio dwyn gwybodaeth am waith ei dad ac roedd ei feddwl ym mhob man.

O'r eiliad y gwelodd y ddwy yn sefyll y tu fas i ddrws y ffrynt y bore hwnnw, yr oedd wedi drysu'n lân. Edrychai'r ddwy fel modelau. Roedd eu prydferthwch wedi ei gynhyrfu. Ai un arall o sgil effeithiau'r treialu oedd hyn? Bron na theimlai fel eu cymeradwyo. Gwyddai y byddai hynny'n sicr wedi gwylltio Llinos a chadarnhau amheuon y chwaer hŷn ei fod yn fachgen haerllug, anystywallt a gwirion oedd wedi cael ei sbwylio.

'Mae'n siŵr bod system ddiogelwch gan yr ysbyty, neu fe fyddai pobl yn medru tarfu ar eu gwaith,' meddai Llinos gan dorri ar draws ei feddyliau.

'Mae yna system ddiogelwch,' atebodd Dafydd. 'Mae gen i gerdyn plastig. Dyma'r allwedd i'r labordy. A dwi'n gwybod beth yw cyfrinair Dad.'

'Mae'n siŵr ei fod yn ei newid e o bryd i'w gilydd,' mentrodd Angharad, gan ddechrau gweld rhwystrau.

'Dydy Dad ddim yn medru cofio rhif cofrestru'i gar na dyddiadau pen-blwydd. Dwi ddim yn credu y byddai'n newid ei gyfrinair.'

'Bydd yna bobl yno'n gweithio. Byddan nhw'n dy weld di'n ymddwyn yn amheus ac yn dy holi di,' pwysleisiodd Llinos.

'Bod yn hyderus yw'r gyfrinach, ledis.'

Roedd Dafydd wedi meddwl yn ofalus beth fyddai'n ei ddweud pe bai pobl eraill yn y labordy yn ei holi. Byddai rhywun yn siŵr o wneud. Ond er bod yn gas ganddo ddweud celwydd, roedd wedi dysgu'r grefft yn yr ysgol wrth wylio'i gyfoedion. Bod yn bendant oedd y gyfrinach. A gwadu. Roedd ei gyfoedion yn gwadu popeth, hyd yn oed pe baent yn cael eu dal.

Roedd wedi rhyfeddu at eu beiddgarwch a'u dyfeisgarwch. 'Ar neges' oedden nhw, neu 'wedi colli rhywbeth', neu 'gwneud yn siŵr bod y drws ynghlo', neu 'meddwl bod rhywun wedi gweiddi o'r stordy'. Gwyddai Dafydd fod cyfleu hyder yn gyfystyr â chyfleu gonestrwydd. A byddai'r gronyn lleiaf o amheuaeth yn yr athro wastad yn gadael i'r lleidr neu'r twyllwr ddianc.

Roedd Dafydd wedi bod yn y labordy droeon o'r blaen er mwyn ymweld â'i dad yn y gwaith. Nawr, wrth i Dafydd estyn at ddolen drws y car i'w agor, dyma Angharad yn gafael yn dynnach yn ei law.

'Hei,' sibrydodd. Roedd pryder yn ei llygaid. 'Bydda'n ofalus. Pob lwc.' Yna plygodd ymlaen a rhoi cusan hir, araf ar ei wefus.

Wrth i Dafydd gamu allan o'r Mini, fe oedd James Bond unwaith eto.

* * *

Gwasgodd y botymau. Trodd y ddolen ac fe agorodd y drws. Ochneidiodd Dafydd mewn rhyddhad. Roedd Dr Morgan yn dal i ddefnyddio'i ddyddiad geni fel cyfrinair, diolch i'r drefn. Cerddodd i lawr y coridor gwag, heibio i ddrysau caeëdig. Deuai sŵn o un o'r ystafelloedd. Aeth heibio gan gyrraedd drws arall. Agorodd Dafydd ef yn ddidrafferth. Arweiniai hwn i gyntedd a bwrdd. Cofiai Dafydd iddo dreulio sawl pnawn yn chwarae ei beiriant Gameboy yma yn ystod un gwyliau haf. Gwyddai mai un bywyd a gâi i chwarae'r gêm hon.

Llithrodd y cerdyn plastig i mewn i'r bocs metel arian ger bwlyn y drws. Clywodd glic a gweld golau coch yn fflachio. Coch perygl. Coch rhybudd. Coch i stopio a throi. Rhy hwyr yn awr, penderfynodd Dafydd. Gwthiodd y drws a cherdded i mewn yn araf. Roedd tri pherson yn y labordy – dau â'u hwynebau wrth sgrin cyfrifiadur a'r llall, gwraig ganol oed, yn brysur yn llenwi tiwb prawf. Gwyddai Dafydd mai Hannah Evans oedd hon, un oedd wedi gweithio gyda'i dad ers blynyddoedd.

Cerddodd Dafydd at ddesg ei dad. Roedd y cyfrifiadur ymlaen. Llenwodd y ddau fwlch. Llythrennau cyntaf ei enwau – DRM – sef David Rhisiart Morgan. Ymhen ychydig eiliadau, roedd Dafydd yn darllen enwau'r ffeiliau. Wrth sgrolio i lawr yr enwau, trawodd ei lygaid ar 'Atal Atrophy – Nanheston'. Hon oedd y ffeil, roedd yn sicr. Canai'r enwau Nanheston ac Atrophy yn ei gof ers y sgwrs honno a gafodd gyda'i dad yn dilyn ymweliad Stanislav. Esboniodd ei dad sut yr oedd wedi darganfod y genynnau oedd yn gyfrifol am ddirywiad a gwanhau'r cyhyrau. Pe bai Dr Morgan yn medru stopio dirywiad corfforol, gwyddai y byddai pob cynnydd a gafwyd wrth ymarfer cryfhau, yn cael ei gadw. Ni fyddai angen parhau i ymarfer codi pwysau a chwysu mewn campfa er mwyn cynnal y cyhyrau. Byddai tabled bob hyn a hyn yn gwneud y gwaith. Roedd e hefyd wedi mynd gam ymhellach a darganfod genynnau oedd megis swits i droi protein yn gyhyrau. Ond roedd darn olaf y jig-so wedi bod yn ei boeni a'i blagio ers amser maith. Beth oedd yn rhwystro cyhyrau rhag tyfu? Beth oedd y rheolwr yn y corff? Yr ataliwr?

Dywedodd Dr Morgan fod babi wedi'i eni yn yr Almaen oedd ddwywaith yn gryfach na phob babi arall. Bu'n cadw mewn cysylltiad â Chanolfan Meddygol Prifysgol Charité yn Berlin. Roedd chwilfrydedd Dafydd wedi'i ddeffro. Bu'n trafod â'r meddyg plant, Markus Schuelke. Cofiodd Dafydd pa mor fywiog a chyffrous roedd ei dad pan ddaeth adref o'r Almaen. Deallai nawr fod ei dad wedi llwyddo i ddatod y cwlwm olaf a chwblhau'r jig-so.

Myostatin oedd y genyn. Hwn oedd y ffrwyn – y rhwystrwr a'r rheolwr. Doedd dim myostatin gan y baban yn yr Almaen. Blwyddyn yn ddiweddarch, yn dilyn arbrofion ar lygod, teimlai Dr Morgan ei fod yn medru blocio'r myostatin. Ac o ganlyniad, roedd ganddo'r cyffur i ddyblu a threblu cryfder.

A nawr roedd Dafydd yn mynd i drosglwyddo'r wybodaeth i Stanislav. Blynyddoedd o waith ymchwil yn cael ei roi yn nwylo lleidr. Yr herwgipiwr yn hawlio. Blacmêl a bygythiad yn ennill y dydd. Ond nid nawr oedd yr amser i bendroni, ceryddodd Dafydd ei hun. Cysylltodd Dafydd y fflachgof â'r USB. Dau glic ac roedd y ffeil, a llafur blynyddoedd, wedi'u lawrlwytho a'u cadw'n ddiogel.

Canodd ffôn yn y labordy.

Un peth oedd ar ôl i'w wneud – cael sampl o'r tabledi.

Clywodd Dafydd lais gwraig yn siarad, a thybiodd iddo glywed yr enw Morgan. Roedd hi'n ystafell eang. Byddai'n rhaid iddo frysio. Agorodd ddrôr top y ddesg a chydio yn yr allweddi. Yna cerddodd at ddrws gwyn yng nghornel yr ystafell.

Synhwyrodd fod y wraig wrth y ffôn yn edrych arno'n graff.

'Esgusoda fi.' Roedd y geiriau wedi eu cyfeirio ato

ef. Anwybyddodd hwy. Gwthiodd yr allwedd i'r drws a'i throi.

'Dafydd?' Clywodd ei enw yn seinio dros yr ystafell.

Doedd dim modd osgoi'r cwestiwn.

'Ie.'

'Roeddwn i'n meddwl mai ti oedd yno. Mae rhywun ar y ffôn yn gofyn am gyfweliad â dy dad.'

'Bydd e 'nôl yfory. Mae e i ffwrdd ar gwrs heddiw.'

Diflannodd Dafydd i mewn i'r stordy'n gyflym. Trawodd llygaid Dafydd ar y silffoedd a redai ar hyd yr ystafell hirgul. Diolch i'r drefn, roedden nhw wedi cael eu labelu. Ond fedrai Dafydd ddim gwneud synnwyr o'r enwau hir. Clywai lais Hannah ar y ffôn, yn amlwg yn ceisio dwyn y sgwrs i'w therfyn. Gwibiodd llygaid Dafydd o le i le. Yna, trawodd ei lygaid ar silffoedd â drysau llithro, gwydr arnynt. Y tu ôl i'r gwydr roedd poteli mawr plastig gwyn. Rhain oedd creadigaethau diweddara labordy ei dad. Clywodd sŵn traed yn croesi llawr caled y labordy.

Pan drodd Dafydd i wynebu perchennog y traed, sef Hannah, derbyniodd wên fawr, groesawgar.

'Neithiwr, roedd Dad yn sôn am ymestyn y treialon diweddaraf ac yn pendroni dros faint o boteli sydd yma. Felly, gofynnodd i mi ddod yma i'w cyfri gan ci fod e bant heddiw ym Mryste.'

Roedd golwg ddryslyd ar wyneb Hannah. Ciledrychodd ar y poteli a'u cyfri.

'Pedair?' holodd.

'Iawn,' meddai Dafydd.

'Gallai e fod wedi ein ffonio ni yma . . .' dechreuodd Hannah siarad ond cerddodd Dafydd ati ac estyn yr allwedd iddi.

'Gwell i chi gadw'r rhain yn saff,' meddai Dafydd wrthi, cyn diflannu drwy'r drws a'r olwg ddryslyd yn dwysáu ar wyneb Hannah. Roedd y ddau wyddonydd arall yn y labordy yn dal i fod fel dau gerflun uwchben eu cyfrifiaduron, heb symud gewyn. Ceisiodd ymatal ei hun rhag dechrau rhedeg, rhag ofn i'r tabledi oedd yn ei boced daro yn erbyn ei gilydd . . .

17

Cyfweliad

'Mae rhywun yn ein dilyn ni.'

Torrodd llais Llinos ar draws y Gorilas a chwaraeai ar y peiriant CD.

'Mae e wedi bod yn ein dilyn o'r maes parcio,' ychwanegodd Dafydd. Gwyddai y gallai fod yn un o ddau berson. Trodd i edrych ar y car oedd y tu ôl iddyn nhw.

'Wyt ti eisiau i mi geisio'i golli e? Dwi'n nabod strydoedd Casnewydd fel cefn fy llaw.'

'Fawr o bwynt. Mae e'n gwybod lle rwy'n byw.'

Syllodd Angharad am eiliad ar Dafydd mewn penbleth. 'Pwy yw e? Ydyn ni mewn perygl?' holodd yn betrusgar.

'Newyddiadurwr. Gohebydd. Fe fydd yn rhaid i mi siarad ag ef rywbryd.'

Trodd Llinos y Mini i mewn i ddreif cartref Dafydd. Dilynwyd hwy gan Beatle gwyrdd Iwan Huws.

Cerddodd Dafydd at gar y newyddiadurwr. Agorodd y drws a gwenu ar wyneb disgwylgar Huws, y gohebydd.

'Mae Dad ym Mryste heddiw. Bydd e 'nôl tua hanner awr wedi pump – efallai cyn hynny. Mae Mam yn Llundain, ond mae croeso i chi gael sgwrs gyda fi.'

Edrychodd Iwan Huws yn ddryslyd ar Dafydd. Cyn iddo fedru gwneud penderfyniad, dyma Dafydd yn troi ar ei sawdl.

'Dewch, fe gawn ni baned. Dwi wastad wedi breuddwydio am gael cyfweliad.'

* * *

'Beth fyddech chi'n ei wneud pe bai'ch tad mewn trafferth?' gofynnodd Dafydd.

'Ei amddiffyn,' oedd ateb tawel y newyddiadurwr. 'Ydych chi am ddweud rhagor felly am y trafferth ma'ch tad chi ynddo? Gan gymryd ei fod e mewn trafferth.'

Ymatebodd Dafydd fel y byddai ei athro Cymraeg yn yr ysgol yn ymateb, drwy lywio'r drafodaeth â chwestiwn arall. 'A ddylai dyn gonest, gweithgar gael ei dynnu drwy'r baw, a gwaith mawr ei oes gael ei ddifetha a'i sarnu gan bobl anonest?'

Teimlai Dafydd fod y gŵr a eisteddai o'i flaen, gyda'i lyfr nodiadau ar ei lin, a'i lygaid treiddgar a'i lais tawel, digynnwrf, yn ddyn teg. Yr oedd yn foesgar a bonheddig. Yr oedd wedi diolch am ei baned ac wedi gwrthod bisgïen. Roedd wedi ffarwelio â Llinos ac Angharad heb ofyn yr un cwestiwn iddynt.

Gwyddai Dafydd fod y newyddiadurwr yn disgwyl iddo ddadlennu rhywfaint o wybodaeth iddo. Ond a fedrai'r newyddiadurwr ei helpu ef? Mentrodd Dafydd ei holi.

'Faint y'ch chi'n gwybod?'

Syllodd Iwan arno ac meddai, 'Mae'ch tad wedi bod yn treialu ac yn datblygu cyffur fydd yn helpu pobl sy'n dioddef o ambell gyflwr cas lle gwelir y cyhyrau'n diflannu ac yn edwino. Byddai'r cyffur yn helpu i adeiladu cryfder, yn fendith i lawer un sydd mewn cadair olwyn ac yn gaeth i'w gwelyau, heb sôn am yr henoed.' Oedodd y newyddiadurwr am eiliad cyn ychwanegu, 'Byddai ambell i gystadleuydd ym myd chwaraeon yn falch o gael gafael ar y cyffur.'

'Pobl fel Stanislav?'

'Mae'r awdurdodau'n cadw llygad ar bobl fel Stanislav, Trolop a hefyd gŵr o'r enw Merhoff.'

'Os yw'r heddlu'n gwybod eu bod yn cynllwynio, pam nad ydynt yn eu harestio?' ymatebodd Dafydd.

'Mae angen tystiolaeth bendant ar yr awdurdodau. Mae cadw llygad yn costio arian, egni ac amser. Mae'r heddluoedd yn ddigon prysur yn delio â chyffuriau'r stryd fawr. Yn anffodus, does dim cymaint o egni nac arian yn cael ei wario ar ddal dihirod fel hyn. Dyma gyffuriau byd meddygaeth a fydd efallai'n ddefnyddiol ym myd chwaraeon. Ac felly mae'r heddluoedd yn dibynnu llawer ar bobl y meysydd chwaraeon i gadw'r campau'n lân. Nhw sy'n gyfrifol am y profi.'

Torrwyd ar y tawelwch gan sŵn bipian o ffôn symudol Dafydd. Agorodd y ffôn a darllen y neges. Edrychodd ar Iwan.

'Dwi'n gwybod ble mae Stanislav.'

Syllodd Iwan yn syn ar Dafydd.

'Mae Dad yn cael ei flacmelio.'

'Achos dy fod ti ynghlwm wrth yr arbrawf?'

'Efallai.' Edrychodd Dafydd yn ansicr arno.

'Felly mae'n rhaid i chi fynd at yr heddlu.' Oedodd y gohebydd am eiliad cyn ychwanegu, 'Ond mae mwy na hynny, yn does? Mae ganddyn nhw fwy o bŵer na hyn.' Oedodd Iwan Huws am eiliad cyn cyhoeddi, 'Y treialwyr.'

'Ie,' cytunodd Dafydd.

18

Ar eich marciau . . .

Edrychodd Dafydd ar ei oriawr unwaith eto. Roedd hi'n chwarter wedi chwech. Roedd hi'n tywyllu. Arafodd. Stopiodd a phwyso'i feic ar ganllaw llydan yr hen bont gan eistedd ar y cyfrwy. Gwyddai fod adfeilion yr hen gastell y tu ôl iddo. Teimlai fel marchog ifanc yn oedi ar gefn ei geffyl cyn mentro i dir neb, i'r frwydr. Syllodd ar yr afon lydan oddi tano. Craffodd ar y theatr ar ei glan. Yma, roedd llong wedi mynd i drybini ganrifoedd maith yn ôl. Roedd ei darganfod wedi creu cyffro mawr, a'r cyfoeth o wybodaeth wedi dadlennu llawer am arferion yr oes. Onid oedd y fflachgof yn ei boced yn wybodaeth syfrdanol hefyd? Yn allwedd a ddatgelai fyd arall, fel darganfyddiad y llong? Tybed ai mynd i drybini fyddai ei hanes ef? Doedd dim golwg o neb yn disgwyl amdano hyd yn hyn. Roedd pedwar meddwyn wrth ochr yr adeilad, gydag un ohonyn nhw'n actio rhyw ddigwyddiad o flaen y lleill.

Yr oedd popeth fel petai'n cwympo i'w le. Ac eto, gallai'r cyfan ddatod a dymchwel fel twr Jenga. Un camgymeriad bach. Dibynnai ar dîm o bobl. Criw brith nad oedd mewn gwirionedd yn eu hadnabod. Criw yr oedd ef wedi taro bargen â hwy.

Chwarter awr yn ôl, roedd e wedi camu i mewn i'r Internet Call Café gyferbyn â chlwb snwcer Pockets.

A chwarter awr yn ôl, roedd e wedi sylweddoli pa mor wirion oedd ei gynllun o geisio herio Stansilav oherwydd pan gamodd i mewn i gaffi'r rhyngrwyd, doedd yna'r un sgrin yn rhydd. Roedd ei galon wedi dechrau rasio wrth iddo sylweddoli na fyddai modd iddo gadarnhau bod Stanislav wedi derbyn ei neges ac yn cytuno i gwrdd ag e. Beth os nad oedd yn gwybod am y trefniant? Beth os oedd e'n rhywle arall? Wedi'r cyfan, roedd Stanislav yn disgwyl i'w dad ddod i gysylltiad ag ef ddydd Mercher, nid nos Fawrth.

Yn sydyn, teimlodd bresenoldeb wrth ei ochr. Pete oedd yno, yn gosod ei law ar ysgwydd un o'r bobl ifanc oedd yn syllu ar sgrin gyfrifiadurol.

'Cymer egwyl fach,' oedd geiriau Pete.

Rhythodd y myfyriwr, a oedd yn hŷn na Pete, yn gegagored arno. Ond ni ddywedodd air. Am eiliad, chwiliodd ei lygaid am reolwr y caffi, ond roedd hwnnw'n rhy brysur yn siarad â merch ifanc. Amneidiodd, a logio i ffwrdd.

Gwenodd Dafydd ar y myfyriwr wrth iddo gasglu'i bethau. Na, fyddai Dafydd chwaith ddim wedi herio Pete yn ei dracwisg wen a'i hwdi llwyd, ei gadwyn aur a'i fodrwyau.

Ymhen ychydig eiliadau, darllenodd Dafydd y neges oedd yn cadarnhau bod Stanislav yn mynd i'w gyfarfod y tu ôl i Ganolfan Glan yr Afon, ger cerflun yr wyneb. Roedd y cyfarfod wedi'i drefnu.

'*Showtime!*' oedd unig sylw Pete.

Sylweddolodd Dafydd fod ei geg wedi mynd yn sych. Oedd, roedd yn teimlo'n gyffrous. Oedd, roedd yn barod. Ysai am gwrdd â Stanislav, wyneb yn wyneb. Teimlai awydd i'w lorio. Teimlai y gallai ei drechu a bod pob hawl ganddo i wneud hynny. Cofiodd eiriau'i fam: 'Amynedd yw amod llwyddo'. Atgoffodd ei hun o'r cynllun – trosglwyddo'r fflachgof ar ôl gweld bod y ddau wystl yn iach ac yn rhydd. Dyna pam nad oedd am fentro mewn car.

Syllodd Dafydd ar Ganolfan Glan yr Afon yn graddol newid ei hymddangosiad. Doedd e erioed wedi oedi'n ddigon hir i weld hyn o'r blaen. Roedd edrych ar yr adeilad hardd yn gweddnewid fel gweld dirgelwch yn cael ei ddadlennu. Yn araf, newidiai ei lliw o felyn i goch, cyn toddi'n binc. Yna, roedd yn wawl borffor cyn datblygu'n las a meddalu o wyrddlas i felyn. Wedyn, byddai'r cylch lliwiau yn graddol ailadrodd ei hun. Crochan yr emosiynau, meddyliodd Dafydd. Ond heno, byddai'r ddrama fwyaf y tu fas i'w ffenestri mawr. Yfodd yn ddwfn o'r botel ddŵr a llifodd yr amheuon. A oedd ef wedi bradychu ei dad? Yn sicr, roedd wedi mentro. Roedd wedi llwyddo i gael cymorth – criw'r beiciau mwnci. Oedd, roedd ganddo fyddin fechan. Ac roedd e wedi cynnig tabledi iddynt yn y gobaith o'u gwneud yn gryfach a chyflymach. Teimlai Dafydd fod ei fwriad yn un clodwiw ac anrhydeddus, sef achub enw da ei dad. Achub ei waith. Rhwystro dihiryn a gwneud safiad dros chwaraeon a chwarae teg.

Gyrrai'r ceir dros y bont yn frysiog y tu cefn iddo. O'i flaen, gwelai'r bont droed a'i goleuadau fel coron uwch llif araf afon Wysg. Gyferbyn â'r theatr ar ochr arall yr afon, roedd Rodney Parade. Yno yfory, gobeithiai y byddai'n gwisgo'r crys rygbi emrallt ac yn cael dangos ei ddoniau. Ond yr oedd yfory mor bell . . .

* * *

Parciodd Iwan Huws ei gar yn ofalus rhwng Nissan Micra coch a Seat du. Roedd e eisoes wedi gyrru o gwmpas parc bach Jiwbili gyda'i reilins haearn, ac roedd e wedi gweld BMW mawr du gyda'r rhif cofrestru 100 LAV arno. Roedd gwybodaeth Dafydd yn gywir. Hwn oedd car Stanislav, gŵr caled y criw. Y cyn-hyfforddwr athletau a'r gwyddonydd llygredig. Yr un a garai gyfoeth. Ac roedd rhif cofrestru'r car yn dweud y cyfan.

Yr hyn a feddyliai Iwan yn awr oedd sut oedd cynllun Dafydd yn mynd i lwyddo? Roedd e wedi rhybuddio Dafydd ei fod yn gwneud rhywbeth hynod beryglus a allai arwain at niwed, os nad gwaeth. Teimlai Iwan ei fol yn troi. Roedd ei gamera Canon Eos digidol yn barod wrth ei ochr. Teimlai'n anghysurus. A oedd yna gyfrifoldeb arno i gysylltu â'r heddlu? A oedd yn peryglu bywyd bachgen ifanc ac efallai eraill, a hynny er mwyn stori?

19

Y cyfarfod

Gwibiodd Dafydd ar hyd y palmant llydan a agorai yn llwybr eang o gwmpas yr adeilad. Gwenodd ar y pedwar meddwyn wrth eu pasio. Ceisiodd un ysgwyd ei law ond yr oedd Dafydd wedi eu gadael ar ôl. Pwysodd ei feic ar y rheilin a'i gloi. Syllodd ar yr wyneb. Gwelai yn awr mai bariau metel wedi'u plygu'n gelfydd a'u gosod yn agos at ei gilydd fel llinellau oedd y cerflun. Da, meddyliodd. Yn agos, collai'i effaith a'i siâp. Ond o bell, ymffurfiai'n wyneb. A oedd ef yn rhy agos i'r dasg hon i weld yn glir? A oedd yn gwneud cam â'i hun ac â'i dad? Byddai ei fam yn sicr o'i flingo pe bai'n gwybod ei fod ar fin gwneud dêl â Stanislav. A dyna'i ofid. Doedd e ddim yn siŵr sut oedd pethau yn mynd i orffen. Stanislav yn cael yr wybodaeth ac yntau'n cael y gwystlon? Neu'n well fyth – y gwystlon yn rhydd, yr wybodaeth yn cael ei chadw, Stanislav yn cael ei ddal a neb yn cael dolur.

Torrwyd ar ei fyfyrdodau gan ddau ŵr ifanc yn nesáu ato. Roedd gwallt golau gan y ddau. Safodd un ohonyn nhw wrth y canllaw tua hanner canllath i ffwrdd, ond cerddai'r llall yn gyflym tuag ato. Edrychai'n gadarn ei gorff gyda'i wallt cyrliog yn disgyn ar ei ysgwyddau. Gwisgai drowsus glas tywyll oedd yn addas i ymarfer corff yn y glaw a chot debyg. Edrychai'n gadarn a chaled.

'Yma ar gyfer cyfarfod?' oedd ei gwestiwn swta.

'Ydw,' ymatebodd Dafydd.

'Dilyna fi,' gorchmynnodd y gŵr, gan gerdded i gyfeiriad y bont droed. Datglôdd Dafydd ei feic yn frysiog a bu'n rhaid iddo gerdded yn gyflym i ddal i fyny â'r bachgen ifanc. Cerddodd y tri ohonynt dros y bont droed.

Cerddai Lubek yn hynod o gyflym. Poerai bob hyn a hyn ar ymyl y ffordd. Teimlai Dafydd nad oedd hwn yn un i dynnu sgwrs ag ef. O'r ychydig eiriau roedd wedi'u ynganu, roedd hi'n amlwg nad Cymro na Sais mohono.

Dechreuodd y llall, sef Marek, a oedd wedi bod yn pwyso ar y canllaw, gydgerdded â nhw. Wrth gerdded dros y bont, gobeithiai Dafydd fod Pete yn eu gwylio o bell. Doedd e ddim am feiddio edrych dros ei ysgwydd rhag ofn y byddai'n creu amheuaeth. Tybed a oedd rhai o'r criw, a oedd i fod yn y twnnel dan yr heol yn esgus gwneud campau ar eu beiciau modur, yn ei ddilyn? Ceisiodd glustfeinio.

Wrth fynd heibio i Rodney Parade, dyma Dafydd yn mentro torri'r garw.

'Dilyn y Dreigiau?'

Anwybyddodd Lubek ei gwestiwn. 'Dreigiau Casnewydd?' ategodd Dafydd. Ond roedd hi'n amlwg nad oedd wedi ei ddeall, neu roedd e'n benderfynol o'i anwybyddu. Dechreuodd tymer Dafydd godi. Aeth ati i esgus bod y ddau grwt yn dwp. 'Rygbi?' holodd Dafydd eto.

Poerodd Marek gan ddatgan yn swta, 'Ffwtbol.'

'O! Gêm i ferched.' Syllodd Dafydd trwy gil ei lygaid ar y cyffro yng nghorff yr un talaf a gydgerddai ag ef. Stopiodd. Trodd Marek gan afael yn chwyrn yn Dafydd. Ceisiodd Lubek gamu rhyngddynt a thawelu tymer ei gyfaill. Dyna pryd y clywodd Dafydd enw Stanislav ynghyd ag enwau'i dywyswyr wrth iddyn nhw barablu'n wyllt â'i gilydd. Gwyddai Dafydd o'r iaith a'r ynganu mai rhywle yn Nwyrain Ewrop oedd cynefin y ddau ifanc yma.

Teimlodd Dafydd gyffro ac egni'n deffro'i gorff. Yma i ddwyn. Yma i fanteisio. Yma heb gydwybod. Na, meddyliodd Dafydd. Doedd dim angen iddo deimlo dim euogrwydd na chywilydd ynghylch trefnu magl i'w ddal. Doedd y rhain ddim gwell na llygod mawr. Syllodd Dafydd i fyny i lygaid Marek. Oedd, roedd yn ŵr caled, gwydn. Ond roedd Marek hefyd wedi sylwi nad oedd ei gryfder na'i aeddfedrwydd corfforol wedi creu'r mymryn lleiaf o ofn yn llygaid Dafydd.

Gollyngodd ei afael yn ddiseremoni. Dechreuodd y tri gydgerdded eto, gyda'r llwybr yn culhau a'r ffens uchel, bigog bob ochr iddynt yn atgoffa Dafydd na fyddai modd dianc pe bai'n dymuno gwneud hynny.

Dechreuodd y ddau siarad â'i gilydd mewn iaith estron, gan chwerthin bob hyn a hyn. Heb amheuaeth, fe – Dafydd – oedd testun eu sgwrs.

Teimlodd Dafydd ei waed yn cynhesu. Roedd ei gyhyrau'n dechrau ysu, yn gwingo am gael gwaith. Roedd ei geg yn sych, yn annioddefol o sych, a theimlai gorddi a chyffro yn ei fol. Gallai ymosod ar y ddau'r eiliad hon. Ond na. Rhaid oedd iddo ymatal. Byddai'r ddau'n siŵr o'i drechu.

Wedi iddyn nhw fynd heibio i'r gampfa enfawr *Fitness First*, croeswyd yr heol, ac wrth droi i fyny un heol o dai teras, arweiniwyd hwy at barc Jiwbili. Wrth graffu drwy gornel y rheilins a amgylchynai'r parc, gwelai Dafydd y BMW X3 du wedi'i barcio ymhlith y ceir eraill. Gwelodd Beatle gwyrdd tywyll Iwan Huws. Anadlodd yn ddofn. O leiaf yr oedd rhywun yr oedd e'n ei adnabod yn cadw at y cynllun.

20

Trosglwyddo

Camodd y tri i mewn i'r tŷ. Croesawyd hwy gan Stanislav.

'Wel croeso. Y tad yn danfon y mab. Ydy'r wybodaeth gyda ti?'

'Ble maen nhw?' gofynnodd Dafydd.

'Lan llofft. Yn ddiogel a chlyd. Er fe gawsom ni un ddrama fach annisgwyl. Ond maen nhw wedi tawelu nawr.'

Dilynodd Dafydd Stanislav i fyny'r grisiau ac i mewn i'r ystafell ganol.

Yno'n eistedd yn gysurus mewn cadair roedd Luke yn darllen cylchgrawn. Ar y soffa roedd Siân yn lledorwedd gan syllu ar y teledu. Cododd y ddau wrth weld Dafydd.

'Beth sy'n digwydd? Beth ydych chi'n 'i wneud ag e? Dim ond crwt yw e!' cwynodd Siân.

Atebodd Stanislav â gwên ar ei wyneb.

'Fel y gweli di, mae pawb yn fyw ac yn iach.'

Yng nghornel yr ystafell, eisteddai gwarchodwr. Cyflymodd calon Dafydd ar unwaith. Hwn oedd Gari. Gwelodd Dafydd wên fach ar wyneb y gŵr ifanc, croenddu.

'Chi wedi cwrdd â Gari o'r blaen, dwi'n meddwl. Ond hen hanes yw hynny bellach. Dewch. Mae gyda ni fusnes i'w wneud. Awn ni i lawr i'r swyddfa.'

Arweiniodd Stanislav Dafydd 'nôl ar hyd y landin ac i lawr y grisiau i'r ystafell a ddefnyddiwyd fel swyddfa. Ynddi roedd bwrdd mawr a chadeiriau plaen, dau gyfrifiadur a phentyrrau o bapurau, ffeiliau a mapiau. Yno hefyd yr oedd dwy gadair ledr ddu, gyfforddus. Eisteddai Marek yn y gornel yn darllen cylchgrawn.

Trodd Stanislav at Dafydd.

'Fflachgof,' cyhoeddodd yn ddifrifol.

Tyrchodd Dafydd i'w boced a'i chynnig iddo.

'Diolch. Roeddwn i'n gwybod y bydde'ch tad yn barod i gydweithio.'

Syllodd Dafydd yn fud ar sgrin y cyfrifiadur wrth i Stanislav lwytho'r fflachgof i'r cyfrifiadur. Cafodd awydd cryf i yrru pen y gŵr drwy'r sgrin ond gwyddai bod amseru popeth yn dyngedfennol i lwyddiant y cynllun. Roedd yn rhaid iddo ddisgwyl i Pete a'i giang symud yn gyntaf.

'Ydych chi'n deall y fformwlâu yna?' mentrodd Dafydd ofyn.

'Biocemegydd oeddwn i fachgen.'

'Cyn i chi droi'n lleidr ac yn herwgipiwr,' ychwanegodd Dafydd.

'Nawr, nawr. 'Sdim eisiau bod yn flin. Bydd pawb yn ennill yn y pen draw. Caiff dy dad yr arian. Os yw e'n ddyn gonest, caiff yr arian fynd i'r adran.' A chan ddechrau chwerthin ychwanegodd, 'ond mae rhywbeth yn dweud wrtha i bydd e'n defnyddio'r arian ei hunan. Pawb â'i bris yw hi yn y byd hwn.'

Dechreuodd waed Dafydd ferwi. Ond agorwyd y

drws a chamodd dyn tal, urddasol yr olwg i'r stafell. Gwisgai siwt dywyll, drwsiadus a thei felen, sidan.

'Wel?' meddai. 'A ydy'r wybodaeth gennym?'

'Mae'n ymddangos felly, Mr Merhoff.'

'Ydy neu nac ydy? Mae'n gwestiwn syml.'

'Rwy'n gwneud yn siŵr fod y cyfan yma, Mr Merhoff.'

'Gawn ni frysio, Stanislav. Dydw i ddim eisiau gweld Eric yn colli'i amynedd. Mae e mor ddi-ddal pan mae e'n gwylltio.'

'Wel,' llefarodd Stanislav, 'Mae'n ymddangos fod popeth . . .'

Ar yr eiliad honno, clywyd cloch y tŷ'n canu.

'Fe wna i ddelio ag e,' meddai Merhoff cyn i Stanislav gael symud gewyn. 'Caria di ymlaen. Anfona'r ffeil.'

Agorodd Merhoff y drws ac yn ei wynebu roedd bachgen ifanc yn dal pentwr o focsys pitsa o'i flaen. Cyhoeddodd Pete gyda gwên fawr ar ei wyneb,

'Pitsa yma. Sori mod i 'bach yn hwyr.'

'Pitsas? Dydyn ni ddim wedi archebu pitsa!' atebodd Merhoff yn sychlyd, gan ddechrau cau'r drws.

'O ydych, chi wedi,' cyhoeddodd y bachgen ifanc, gan lithro'i droed i stopio'r drws rhag cau.

Ymhen ychydig eiliadau roedd hi wedi mynd yn ddadl rhwng y ddau. Roedd Pete y cludwr pitsas yn benderfynol nad oedd camgymeriad wedi cael ei wneud.

'Dydw i ddim yn mynd 'nôl â'r rhain. Rhaid i chi dalu amdanyn nhw. Roedd yr alwad ffôn wedi cael ei gwneud o'r cyfeiriad yma. Efallai fod eich gwraig wedi archebu pitsas fel syrpreis i chi.'

Roedd Merhoff yn dechrau gwylltio.

'Gwranda! Does gen i ddim gwraig.'

'Eich partner 'te?'

Roedd Merhoff wedi cael digon ac yn amlwg eisiau cael gwared ar y bachgen stwbwrn hwn.

'Reit. Faint ydyn nhw? Faint wyt ti eisiau?'

Edrychodd y bachgen yn syfrdan ar Merhoff.

'Chewch chi ddim eu prynu nhw os nad chi wnaeth eu harchebu.'

'Dere â nhw 'ma neu cer!' Ceisiodd Merhoff afael yn y pedwar bocs, ond gwrthododd y bachgen ollwng ei afael.

Yn sydyn, clywyd sŵn gwydr yn chwalu. Roedd dau fachgen, sef Tyronne a Jake, newydd fwrw bar o haearn drwy ffenest y BMW du.

'Hei!' gwaeddodd Merhoff. Trodd at y drws agored a sgrechiodd, 'Marek! Lubos!'

Ymddangosodd y ddau ar unwaith â golwg wyllt arnyn nhw. Rhuthrodd y ddau tuag at y car ond clywyd sŵn chwyrnu dau feic modur. Gwibiodd Tyronne a Jake i lawr y stryd. Neidiodd Marek a Lubos ar eu beiciau modur hwythau gan wneud eu gorau glas i gychwyn eu peiriannau cyn colli'r trywydd.

Hwn oedd yr arwydd. Yng nghefn y tŷ, chwalwyd ffenest y drws cefn ac agorwyd y drws. Camodd Jason a Craig i'r cefn yn cario batiau pêl-fas. Am eiliad, safodd y ddau'n stond a syllu ar yr olygfa ryfedd yn yr ystafell. Roedd y gegin wedi cael ei thrawsnewid yn labordy. Yno roedd tiwbiau prawf a pheiriannau bach gyda rhifau digidol yn fflachio arnynt. Yno hefyd yn crynu fel deilen roedd gŵr tenau, ei war wedi crymanu a sbectol dew ar ei drwyn.

'Peidiwch â mrifo i. Dwi ddim wedi gwneud drwg i neb!' plediodd Evan, gan gamu 'nôl i'r gornel.

'Ble maen nhw?' gofynnodd Jason.

Cymerodd gam bygythiol tuag at y gwyddonydd bach ac fe gamodd Evan yn ôl mewn braw.

'Na! Peidiwch â mwrw i!' plediodd eto.

Y tu ôl i Evan roedd drws y cwpwrdd dan stâr. Gwthiwyd Evan yn ddiseremoni i mewn at y bocsys, yr hwfer a'r tuniau mawr, yna caewyd y drws a'i gloi.

Agorodd Jason ddrws y gegin heb wneud yr un smic o sŵn. Ar ben arall y cyntedd roedd Merhoff yn sefyll â'i gefn tuag ato yn y drws ffrynt, a Pete yn ei siaced goch yn ceisio cydymdeimlo ag ef am y difrod yr oedd yr hwliganiaid ifanc wedi'i wneud i'w gar.

'Mae'n rhaid i chi ffonio'r heddlu,' clywodd Jason lais Pete yn awgrymu'n ddoeth.

Yna'n sydyn, trodd Merhoff o'i gwmpas fel pe bai wedi synhwyro bod yna rywun y tu ôl iddo. Roedd syndod yn ei lygaid wrth iddo weld dau fachgen ifanc, bygythiol yn y cyntedd cul.

'Beth ar y ddaear . . ?' dechreuodd sgyrnygu. Llithrodd ei law'n gyflym y tu fewn i'w got a thynnu gwn allan. Ond cyn iddo fedru anelu'n iawn, neidiodd Pete ar ei gefn a'i lorio. Ond taniwyd y gwn. Roedd y sŵn yn fyddarol. Clywyd sŵn traed mawr yn rhuthro i lawr y grisiau. Ond roedd llygaid Nathan ar yr ymladdfa ac ni welodd y bat pêl-fas. Tasgodd y gwaed ar y wal a gorweddai Nathan yn llonydd ar waelod y grisiau.

Roedd Merhoff yn dal ei afael yn y gwn ac er bod Pete ar ei gefn yn ceisio cael gafael yn ei freichiau, roedd ar fin anelu ei wn at Jason a Craig. Fedrai Pete wneud dim. Fedrai Jason na Craig ddim symud gewyn. Gwyddai'r tri y byddai Merhoff yn tanio'r gŵn unrhyw eiliad. Roedd yr eiliad fel petai wedi rhewi. Stryffaglai Pete am arddwrn y gŵr canol oed wrth iddo yntau geisio cael annel glir at ei darged. Ac yna, dyma droed yn sathru'n galed ar law Merhoff nes ei fod yn griddfan mewn poen. Ni fedrai Merhoff symud bys. Sathrodd y droed unwaith eto. Plygodd Dafydd a thynnu'r gwn o law ddiffrwyth Merhoff.

'Stanislav!' ochneidiodd Merhoff.

'Dyw e ddim yn medru'ch helpu, Merhoff. Dyna'r drwg pan mae'ch llygaid ar ryw sgrin byth a hefyd. Dydych chi ddim yn gwybod beth sy'n digwydd o'ch cwmpas,' esboniodd Dafydd.

'O! Bydd angen dannedd newydd arno fe, dwi'n credu,' meddai Pete, gan gyfeirio at Nathan oedd yn dechrau ochain ar waelod y grisiau.

'Unwaith eto,' ychwanegodd Dafydd.

'Felly beth y'ch chi'n mynd i'w wneud 'da fi 'te? Saethu fi?'

Daeth y llais cras, dwfn o ben y grisiau. Yno safai Gari. Roedd y wên yn un heriol hyderus. Ond gwyddai Dafydd y tro yma mai fe oedd yn rheoli pethau.

'*Alright* Pete? A Jason!' smaliodd Gari'n llawn syndod. 'Wel, wel. Chwarae'r *big* bois nawr, ife?' meddai gan gerdded yn araf i lawr y grisiau.

'Gwranda mêt,' meddai Dafydd gan edrych ar ei wn, 'gallen i dy saethu di nawr a bydde pawb yn tystio mai Merhoff a saethodd y fwled. A dy fod ti'n anlwcus.'

'Dere mlân, 'de. Gwna fe. Does dim y gyts 'da ti, neu fyddet ti wedi'i neud e.' Roedd y wên yn parhau ar wyneb Gari.

'Yn anffodus mae gen i'r gyts i'w wneud e. A ma' hynny'n codi ofn arna i. Yn gwneud i fi deimlo'n wael. Ond dwi'n mynd i atal fy hun.'

Fflachiodd golau sydyn i'r ystafell. Syllodd pawb at y drws a gweld Iwan Huws yn sefyll yno â'i gamera. Diflannodd Gari ar frys, mas drwy ddrws cefn y tŷ.

Yn sydyn, fflachiai golau glas a chlywyd sŵn seiren yn byddaru'r stryd.

21

Y gêm

Gwenodd Dafydd. Roedd wedi cael ei daclo unwaith eto gan faswr tîm y gorllewin. Roedd dwylo hwnnw fel rhawiau, a'i afael fel gefel. Ond roedd Dafydd wedi llwyddo i ddadlwytho'r bêl a'r canolwr wedi gwneud defnydd da ohoni gan ganfod yr ystlys gyda'i gic.

''Smo ti'n mynd i unman, gwboi,' oedd geiriau'r bachgen â'r gwallt hir, cochlyd wrth iddo godi a rhoi clatsien slei i Dafydd ar ei ochr. Teimlodd Dafydd ei dymer yn codi. Na, meddyliodd. Doedd dim malais fan yma, dim ond cystadleuaeth galed. Ac oedd, roedd y bechgyn yma o'r gorllewin yn medru chwarae. Roedd y bêl yn cael ei symud yn gyflym, a dwylo'r olwyr yn rhai medrus. Dro ar ôl tro, lledwyd y bêl allan i'r esgyll, ac roedd ysgolion y dwyrain wedi cael eu cadw y tu ôl i'w llinell dwy ar hugain bron drwy gydol yr hanner cyntaf.

Synhwyrai Dafydd y câi ei eilyddio ar yr egwyl. Roedd ganddo bum munud i berfformio. Eu llinell hwy, ychydig y tu fewn i'w hanner. Y bwriad oedd ennill y meddiant o'r llinell ac yna lledu'r bêl. Yr oedd Dafydd wedi sylwi bod pàs y maswr i'r canolwr yn tueddu i fod yn araf, a'r bwlch yn un gweddol o faint. Tybed a ddylai fentro, meddyliodd Dafydd? Mynd ati'n syth i geisio rhyng-gipio'r bàs? Byddai'n sicr o adael bwlch difrifol yn ei safle y tu ôl i'r llinell neu'r sgarmes. Pe na bai'r bàs yn digwydd, byddai'n edrych fel ffŵl. Gallai gael ei gosbi am gamsefyll. Pe bai'r cochyn o faswr yn darllen ei symudiad byddai wedi canu arno ef a'i dîm, gyda'r cochyn o bosib yn medru rhedeg yn syth at y llinell gais. Ond a oedd ei wrthwynebydd yn effro i'r annisgwyl?

Teimlodd y gwaed a'r egni'n llifo drwy'i wythiennau. Gwelodd y bêl yn cael ei thaflu i'r llinell fel gwylan. Digwyddai popeth mor araf. Nawr, meddyliodd! Taranodd ymlaen ar letraws i gyfeiriad y canolwr. Enillodd tîm y gorllewin y bêl. Sgubwyd hi allan gan y mewnwr at y maswr mewn un symudiad slic, yna o'r maswr at y canolwr. Ond roedd Dafydd yno'n barod, ei ddwylo'n crafangu am y bêl. Gwelodd Dafydd y sioc yn llygaid y maswr pengoch yn troi'n ofid. Roedd Dafydd wedi gosod y bêl dan ei gesail. Pen i lawr. Llygaid ar y llinell gais. A mynd – mynd am ei fywyd. Mynd am y pyst. Mynd am y cais. Tu hwnt i gysgodion y cefnwr a'r ddau asgellwr. A theimlai mor ysgafn. Mor hamddenol. Gwyddai nad oedd neb yn mynd i'w ddal. Yr oedd yn rhydd. Yn rhydd o gwestiynau Iwan Huws y newyddiadurwr. Yn rhydd o afael a chastiau Stanislav. Ac yn rhydd o ofnau ddoe. Plymiodd i'r awyr a thurio'r bêl, fel hebog yn disgyn ar ei brae.

Am eiliad, oedodd. Anadlodd yn ddwfn a theimlo rhyddhad. Rhyddhad o wybod bod pob un dihiryn wedi ei ddal. Wel, pawb ar wahân i'r pen bandit ei hun, Eric Trolop. Doedd e ddim wedi bod yn agos at y tŷ. Ond bellach roedd y rhwyd yn cau amdano yntau, a'r heddlu wedi casglu digon o dystiolaeth i'w arestio. Rhyddhad o wybod bod gwaith ei dad ddim wedi llithro i ddwylo drwg. Rhyddhad o wybod bod Luke a Siân yn rhydd ac yn iach. A rhyddhad o wybod bod cynllun digon gwallgof a mentrus wedi llwyddo – diolch i Pete a'r giang.

Llifodd y gweiddi a'r gymeradwyaeth i'w glustiau. Roedd Rodney Parade wedi deffro. Yno roedd ysgolion Casnewydd, Cwmbrân, Caerllion a Phont-y-Pŵl, ac roedden nhw'n mynegi eu gorfoledd a'u boddhad. Yno roedd ei dad a'i fam yn gwisgo gwên falch. Yno roedd y newyddiadurwr i dynnu'r llun ac i orffen ei stori am yr arwr a chwalodd gynlluniau'r dihiryn Stanislav. Ac yno hefyd roedd Angharad a Ffion, yn wên o glust i glust.

Cododd a throelli'r bêl yn egniol i'r awyr gan weiddi, '*Showtime!*'